엄마의 여행

두 아이와 함께한 사이판 한 달 살이

엄마의 여행

이성원 지음

슬로래빗

하파다이~
엄마는 그냥 떠나고 싶었다

시간은 참 빨리 흘러간다. 아이들과 함께한 사이판 여행 후 벌써 1년 반이 흘렀다. 일곱 살 유치원생이던 우성이는 멋진 초등학생이 되었고, 두 돌을 갓 넘긴 아기였던 승희는 한국 나이로 다섯 살이 되었다. 여행을 다녀온 후 우리는 여느 때와 다름없이 잔잔한 혹은 평범한 일상을 보내고 있다. 심지어 가끔은, 아름다운 섬에서 잠시 꿈을 꾸고 온 건 아닐까? 하는 생각이 들기도 한다.

아이들과 여행을 떠난다고 했을 때, 그 용기가 정말 부럽다고 말한 이도 있었다. 대부분 생각에만 그치는 것을 실천한다고 말이다. 다른 누군가는 직설적이고 뭔가 튀어 보이는 내 행동을 못마땅해 하며, 아이들이 아직 어려서 기억도 못 하는데, 왜 그렇게 돈을 쓰며 고생을 사서 하냐고 진지하게 조언해주기도 했다.

하지만 나는 멋있는 사람도 아니고, 튀고 싶은 사람도 아니고, 돈이 그렇게 많은 사람도 아니다.

나는 그냥, 떠나고 싶었다. 내 마음속 답답함과 툭툭 튀어나오는 삶의 불만을 뭔가 다른 것으로 대체하려고 해봤지만, 마음은 어쩐지 불안했고 목에 먼지가 낀 것처럼 갑갑함만 느껴졌다. 소중하고 아름다워야 할 일상이 하루하루 버겁기만 했다.

무엇보다도 '내가 이 세상에 잘 존재해야 할 이유'인 내 아이들, 그들의 눈을 보지 못하고 목소리를 제대로 듣지 못하는 것 같은 무거운 마음이 나로 하여금 더욱더 커다란 여행 가방을 꾸리게 했다. 이런 복잡한 속마음을 드러내지 않은 채 나는 떠났다. 빠르고 번쩍이고 화려한 대한민국을 떠나, 느리고 소박하고 시골스러운 사이판으로.

내가 속해있던 공간을 벗어난 것만으로도 숨쉬기가 편해졌고, 새로운 사람들을 만나는 것만으로도 일상의 호기심이 다시 살아났다. 시간과 공간, 만나는 사람이 바뀐다는 것. 그것은 움츠려있던 내 마음과, 일상에 젖어있던 사고에 숨을 불어넣었고, 색을 덧입혀주었다. 내면의 기름기와 부질없는 감정들을 한꺼번에 떨쳐버리게 했다. 어찌 보면 사이판 여행의 최대 수혜자는 나일지도 모르겠다.

그리고 아이들…. 아이들은 언제나처럼 잘 웃고, 아이들 특유의 천진함으로 무엇을 만나든 친구가 되며 자신들의 시간을 촘촘하게 채워나갔다. 내가 여행에서 긍정의 힘을 얻고 돌아왔다면, 아이들은 언제 어디서나 놀거리를 찾아내는 공력을 키워왔다고나 할까?

이 책은 사이판의 어디를 가보라고 하는 가이드북이 아니다. 마음의 짐을 한 아름 안고 떠났던 엄마가 마음이 따뜻한 사람들을 만나며 내면에 귀 기울이게 되는 이야기이다. 여행을 좋아하는 이들이라면 마음의 소리를 들어보기를 바라고, 여행길에 미처 오르지 못한 이들, 특히 아이 때문에 지레 겁을 먹고 잔뜩 움츠린 이들이 있다면 아이 손을 잡고 일단 떠나보라고 바람을 넣는 책이기도 하다.

밖으로 한 발자국만 나가보면 알게 될 것이다. 내가 고민하던 것들이 그저 작은 것에 불과하다는 것을. 지금 당장 내 속을 옥죄고 있는 것들에서 살짝만 이동해보면 숨 쉴 여지가 생겨난다는 것을 말이다.

세상은 여전히 따뜻하고, 마음을 나눌 수 있는 이들은 낯선 여행길 어디서나 만날 수 있다. 그러니 자기 안으로 꼭꼭 숨거나 제 목소리를 못 내고 있다면 떠나보길 간절히 바란다. 뜨거운 햇살과 시시각각 변하는 아름다운 바닷가, 그리고 진초록 나무가 전부인 사이판으로.

그곳에서 까만 얼굴을 더 까맣게 태우며 한없이 바다를 보고 있는 이가 있거든 미소를 지어주길. 그 사람은 나일 수도, 아니면 바로 당신일 수도 있다.

---

* 하파다이(hafadai) : 사이판어로 '안녕하세요'라는 뜻

[
C
O
N
T
E
N
T
S
]

Part 5

태풍 속에서
싹튼

긍정의 씨앗

에필로그

Part 1

―――――――――――――

나는,
그냥 떠나고

싶었다

―――――――――――――

"여행을 떠날 각오가 되어있는 사람만이
자기를 묶고 있는 속박에서 벗어날 수 있다."
- 헤르만 헤세

01

어제와 같은 오늘,
오늘과 같은 내일

어느 날 문득 나는 싫증이 나기 시작했다. 다른 이에게도 아니고 바로 나 자신에게 싫증이 났다. 왜인지는 모르겠지만, 게으르고 무심하게 시간을 흘려버리는 내 모습이 싫어졌고, 하염없이 수다를 떨고 있는 내 모습이 싫어졌다. 어제와 같은 오늘을 보내고, 오늘과 같은 내일을 보내고 있을 나에게 짜증이 났다.

왜 이럴까. 직장에 다니는 것은 아니지만, 사람들도 많이 만나며 이런 저런 일도 조금씩 하고 있었다. 애들도 내 나름으로 정성껏 키우려 노력했고, 감동하게 할 정도는 아니어도 아내 노릇도 성실히 하고 있었다. 내 딴에는 항상 뭔가를 추구하면서 산다고 했건만, 어느 순간 알맹이는 쏙 빠지고 겉껍질만 남아있는 듯한 파삭한 느낌, 물기라고는 찾아볼 수 없이 말라서 쩍쩍 금이 간 논밭 같았다.

무척 지쳐있었고, 또 무언가에 홀린 것 같기도 했다.

한번 이런 생각에 사로잡히니 뭘 해도 마음이 불안하고 편하지 않았다. 아이들에게 더 열심히 책을 읽어주고 요리를 하고 놀이를 해도 마음은 늘 둥둥 떠있었다. 내 마음이 무엇인가를 원하고 있는데 그 소리를 무시하고 불편한 감정을 그대로 안은 채 살아야 하는지, 그 소리에 귀 기울여봐야 하는 건 아닌지…. 나의 문제이고 나의 생각들인데도 온전히 내 것 같지 않았다.

　또 한편으로는 이런 생각도 들었다. 겹겹이 쌓여있는 이불 위에서 잠을 못 이루다, 맨 밑바닥에 있는 작은 콩알 하나를 힘겹게 찾아내고서야 깊은 잠에 빠졌다는 동화 속 공주처럼, 내 안의 콩 한 쪽을 굳이 그렇게 찾아내야만 하는 것일까? 조용히 무시하면 그까짓 콩알 따위가 주는, 표시도 안 나는 불편함쯤은 참으며 살아갈 수 있는데 나는 왜 일일이 다 들춰내서 내면의 소리를 들어보려고 하는 걸까? 막상 파헤쳐봤는데 너무나 보잘것없는 내 모습과 마주치게 되면 어쩌지? 뭐라도 나올 줄 알았는데 정말 빈껍데기뿐이라면?

　그냥 고개를 돌리고 싶을 때도 있었다. 하지만 시간이 지날수록 마음은 더욱 불편하고 불안해졌다. 둔한 척, 모르는 척하며 고개만 살짝 돌리고 있자니 그것은 또 나 자신에게 너무 비겁한 것 같은 느낌마저 들었다. 밑도 끝도 없는 질문과 생각들로 밤에는 잠들 수가 없었고, 그렇게 밤새 뒤척인 탓에 깨어있어도 몽롱한 상태인 나날들이 이어졌다. 모든 것이 엉망이 되고 있었다.

　나 자신에게도 그렇고, 아이들과 남편에게도 계속 이런 모습을 보여줄 수는 없었다.

나는 작은 콩알 하나를 찾아보기로 했다. 어떻게 해야 콩알에 대한 실마리가 풀릴 수 있을지, 무엇이 내 마음을 시원하게 채워줄 수 있을지 알 수 없었다. 먼저 책을 열심히 읽어보았다. 머릿속이 어수선해서인지 제대로 들어오지 않았다. 쇼핑을 해봤다. 분명 필요하다고 생각했는데, 금세 내가 왜 샀는지조차 모를 정도로 허무함에 시달리곤 했다. 맛있는 음식을 열심히 먹어봤다. 두툼하게 살찐 내 모습에 우울함만 찾아들었다. 육아 동지들과 이야기도 나눴다. 그들도 나처럼 그들만의 콩알을 찾느라 바빠 보였다. 아이들에게 더 열심히 좋은 엄마 코스프레를 해봤다. 눈 밑 다크서클만 갈수록 진해졌다.

가까운 곳으로 여행을 갔다. 하아, 그제야 숨통이 트였다.

나는 한동안 잊고 지내던 여행이라는 도구를 찾아냈다. 결혼 전 나는, 다들 귀찮아하는 출장을 가는 데도, 없던 기운까지 솟아나는 사람이었다. 일만 하고 와도 좋았다. 무슨 역마살이라도 끼었는지 출장을 가는 전날부터, 아니 출장이 들어있는 주초부터 기분이 좋아져서 나도 모르게 콧노래를 흥얼거리곤 했다.

결혼 후에도 주말마다 어디론가 떠났고, 아이를 키우면서도 틈만 나면 산으로 들로 바다로 여행을 다녔다. 둘째 임신 때는 아예 미국으로 떠났다. 모두가 조심하라고 하는 임신 초기, 배 속의 아이와 어린 아들만 데리고 훌쩍 떠난 바람 같은 엄마 덕분에 둘째는 그랜드 캐니언과 스탠퍼드 대학의 기운을 받고 태어났다.

그렇게 열심히 새로운 곳을 보고, 낯선 이들을 만나고, 그곳의 음식을 먹으며 시간을 보내는 것이 즐거웠다. 낯선 환경에 내가 뛰어들어가는 것이 참 좋았다. 그렇게 싱싱하고 발랄하던 내가 어느 순간부터 여행 가는 횟수가 점차 줄어들었다.

남편 때문에 그렇게 된 것도 아니었다. 그는 내가 어디를 가자고 하든 바로 가방을 싸주는 남자이다. 언제부터인지 주말만 되면 피로에 어깨가 축 처져서, 내가 사는 일산 근처를 한 바퀴 돌고 오는 것으로 주말을 보내거나, 그것마저 허락하지 않는 날에는 남편이 아이들을 맡았다. 아이들이 자상한 아빠와 함께 또 다른 추억을 만들어가는 동안, 나는 집에서 멍하니 앉아있거나 잠을 자며 무료한 시간을 보내곤 했다. 마치 나는 바람 빠진 풍선 같았다.

내 몸의 기운이 빠져서 여행을 가지 않게 된 것일까? 마음이 단단하지 못해서일까? 반대로 여행을 가지 않아서 그렇게 된 것일까? 이유야 어찌되었든, 지친 내 몸과 마음에 달콤한 에너지를 주던 여행과 어느 순간 소원해진 것만은 사실이었다.

여행을 떠나고서야 비로소 숨통이 트이게 된 나는 조금 멀리, 또 오랫동안 떠나고 싶어 하는 내 마음의 속삭임을 들을 수 있었다. 어딘가에 숨겨진 콩알을 찾기 위해서인지 아닌지는 이제 중요하지 않았다.

단지 떠나고 싶었다. 집에서, 일산에서, 내가 몸담은 이 시간과 공간에서 조금은 멀리 떠나고 싶었다. 멋진 곳이 아니어도 괜찮고, 볼 것이 없다고 해도 괜찮았다. 매일 똑같은 날을 보내고 있는 이곳만 아니라면 될 것 같았다.

때가 온 것이다. 가방을 꾸리고 떠나야 할 때가.

큰아이가 곧 초등학생이 된다는 것도 콩알을 찾는 것 다음으로 중요한 이유였다. 여유로운 유치원생으로서의 시간을 마치고, 길고 긴 정규 학업으로 들어가는 아이에게 실컷 놀고 실컷 게으름 피울 수 있는 시간을 주고 싶었다. 때 되면 자연스레 느끼게 될 책임감이나 부담감 같은 것들은 천천히 겪게 해주고 싶었다. 굼벵이처럼 잔뜩 게으름을 피우며 하루하루 느긋하게 시간을 흘려보내도록 여유를 주고 싶었다. 자고 싶으면 자고 먹고 싶으면 먹고 놀고 싶으면 놀며, 하루 스물네 시간을 철저히 자신의 생체 시계에 맞춰 생활하게 하고 싶었다. 매일 지내는 이곳이 아닌 낯선 공간에서 새로운 시간을 주고 싶었다. 얼마가 될지 모르겠지만, 학교에 들어가면 누리기 어려운 휴식을 맘껏 누리게 하고 싶었다.

어느 순간 정신을 차리고 보니 현실적인 생각들이 하나씩 서서히 떠올랐다. 큰아이는 일곱 살이라 말도 통하고 혼자 할 수 있는 것도 많아서 괜찮겠지만, 둘째는 아직 많이 어렸다. 한 명만 생각하면 전혀 부담되지 않았을 여행이 아이 둘과 함께 간다고 생각하니 마음이 무거워졌다. 과연 내가 잘 해낼 수 있을까?

머릿속에 먹구름이 들어차려고 하는 것도 잠시, 갑자기 마음에 빵빵한 근육이 붙어나는 것처럼 대범해졌다.

'여행을 못 할 것도 없지. 왜 안돼? 그냥 하면 되는 거지. 차에 태우고 4시간 걸려 고향집에 내려가는 거나 비행기에 태우고 다른 나라에 가는 거나 그게 그거지, 다를 건 또 뭐야? 어차피 데리고 다니는 건 마찬가지 아닌가? 언어 다른 거? 인종 다른 거? 음식? 또 뭐? 그게 뭐 대수라고. 아이들에

게도 새로운 자극을 줄 수 있고, 무엇보다도 내가 떠나고 싶잖아.'

떠날 이유를 만들자면 이렇게 참 많이도 만들어낼 수 있을 만큼 나는 떠나고 싶었고, 아이들과 떠날 생각으로 가득 찬 내 마음은 시계 초침처럼 바삐 움직이며 나만의 분주한 시간을 만들어내고 있었다. 가슴엔 어느새 설렘이 가득 차올랐다.

봄바람에 벚꽃 날리듯 사뿐사뿐, 분홍빛 향기가 퍼지는 듯 아련하게.

막상 남편에게 이야기하려고 하니 봄바람처럼 살랑이던 마음이 뚝 하며 멈춰 서는 것 같았다.

'갑자기 떠난다고 하면 굉장히 당황하겠지? 그것도 하루 이틀도 아니고 길게 여행을 다녀오겠다고 하면. 어디로 갈 거냐고 물어보면 어디라고 대답하지? 무작정 이 나라를 떠나볼 거라고 하면 어떨까? 아무리 나를 존중해주고 지지해주는 남편이라도 어이가 없으려나? 아예 화를 내려나? 괜히 서로 얼굴만 붉히게 되는 건 아닐까?'

처음엔 여행 생각에 마냥 좋기만 했는데, 남편에게 내 상태와 마음을 전달하려고 하자 그새 또 소심해졌다. 그래도 말이라도 꺼내봐야지, 호시탐탐 기회를 노리다가 별일 아니라는 듯 툭 말을 내뱉었다.

"나 여행 좀 다녀올게."

일단 던지고 나니 속이 후련해졌다. 갑작스러운 나의 말에 남편이 눈을 동그랗게 뜨며 말했다.

"어디 가려고? 왜?"

분명 놀랐을 법한데도 그는 동그랗게 뜬 눈 말고는 평상시처럼 자상하게 되물었다. 그렇게 담담하게 반응해주는 그가 무척 고마웠다. 첫마디를 꺼내기가 어려웠지, 막상 꺼내고 난 후로는 주저리주저리 끝도 없이 떠나고 싶은 이유가 흘러나왔다. 그러다 보니 가야만 하는 이유가 더욱더 많아지는 느낌이었다.

"그래, 그럼 다녀와. 가고 싶으면 가야지. 그런데 혼자 애들 보기 괜찮겠어? 힘들까 봐 걱정되는데."

타국에서 혼자 아이들 데리고 고생할까 걱정해주는 남편. 역시 그다웠다.

여행은 그렇게, 생각보다 너무 간단히 시작되었다.

02

그래,
사이판으로 가자

　남편에게 이야기한 후로는 모든 것이 빨리빨리 진행되었다. 처음에 생각할 때는 2주 정도면 괜찮겠지 했는데, 남편의 조용한 지지를 받고 나니 그건 또 짧다는 생각이 들었다. 이왕 나가는 건데 조금이라도 더 오래 있는 것이 좋을 것 같았다. 아무리 외국 나가기가 쉬워졌다고 해도 큰마음을 먹어야 하는 일이고, 아이들도 타국살이를 제대로 해보려면 2주는 너무 짧은 느낌이었다.

　'적어도 한 달은 지내야 맛보기라도 할 수 있지 않을까?'

　한 달이라고 생각하자 왠지 어감이 착 붙는 느낌도 들었다. 타국에서의 한 달 살이, 그 정도라야 아이들도 현지 분위기에 적응해보고 경험도 해볼 것 아닌가.

　무엇보다도 내 마음을 정리하려면 그 정도는 되어야 했다.

'크고 번잡한 대도시가 좋을까, 다양한 문화를 즐길 수 있는 유럽의 소도시가 좋을까. 아니면 완벽하게 휴식할 수 있는 휴양지로 떠날까.'

지도를 들춰보고, 인터넷을 떠돌아다니며 한동안 고심했다. 떠올랐던 장소들을 지워나가기를 여러 번, 어느 곳도 선뜻 마음에 와 닿지 않았다. 내가 원하는 것은 관광이 아니었다. 그렇다고 단 며칠간의 럭셔리한 휴양은 더더욱 아니었다. 생각이 거기까지 이르자 기준이 의외로 쉽게 정리되기 시작했다.

'두 아이와 한적하고 안전하게 지낼 수 있는 곳. 많이 움직이지 않아도 되는 자그마한 곳. 사람들이 순박한 곳. 그리고 무엇보다도 자연이 아름다운 곳.'

두 아이와 함께하는 데다가 둘째는 겨우 두 돌이라 장시간 비행은 무리였다. 괜한 욕심으로 이동에 기운을 다 써버리고, 아이가 아프기라도 하면 큰일이니까. 비행시간이 다섯 시간 내외인 곳으로 정하니 몇몇 곳으로 좁혀졌다. 필리핀, 일본, 태국, 중국, 괌, 발리, 홍콩, 대만….

나라 이름들을 하나하나 입으로 읊조려보았다. 이름을 한번 불러볼 때마다 그 나라에 쏙 들어가는 느낌이었다. 그런 작은 상상만으로도 행복해졌다. 그러던 중, 여행을 계획하며 한 번도 생각해본 적 없던 곳이 문득 떠올랐다.

제주도보다 작은 그곳, 사이판.

자동차로 몇 시간이면 섬 일주가 다 끝나버리던 사이판이 갑자기 머리를 탁 치고 지나갔다. 어느새 까마득해진 신혼여행에서 누리고 즐겼던 것

들을 되새김질했다.

'사이판…?? 그곳에 뭐가 있었던가? 바다하고 코코넛 나무…, 그리고 또…, 하늘! 그래, 볼 때마다 감탄하던 멋진 하늘이 있었지.'

눈이 부실 만큼 푸르고 또 푸르던 하늘. 어디서나 볼 수 있던 진초록 나뭇잎. 비취색으로 빛나던 바다. 사이판의 여유롭고 쨍한 풍경을 상상하니 금세 기분이 좋아졌다.

그런 풍경은 아무리 봐도 질리지 않고, 따로 돈을 내고 보는 것도 아니고, 더군다나 호기심 왕성한 아이들이 그런 풍경을 매일 접할 수 있다면? 자연이 주는 기쁨이 얼마나 큰지, 그것만 알아도 아이들에게 정서적으로 좋을 것 같았다. 꼭 뭔가를 많이 보고 배워야 좋은 건 아니니까.

남편은 사이판 아니어도 그런 곳은 많다며 좀 더 넓은 곳은 어떻겠냐고 되물었다. 그래, 남편 말이 맞다. 생각해보면 동남아 대부분이 그런 아름다운 바다와 풍경을 가지고 있기는 하다. 그런데 이상하게 내 머릿속은 이미 사이판으로 향하고 있었다. 왜 내가 그랬던 건지, 그때는 잘 몰랐고 여행을 마친 지금도 잘은 모르겠다.

그냥 어떤 자연스러운 끌림이 있었을 것이다.

목적지를 갑자기 결정하고 난 후 얼마간은 과연 잘 선택한 것일까 의심이 들기도 했다. 오로지 아이들 컨디션에만 맞춰서 정한 것 같았기 때문이다. 분명 떠나고 싶었던 계기는 '나' 자신이었다. 내 안에 무엇이 있는지, 검정이 되었든 흰색이 되었든 뭐가 되었든 쑤셔보며 나를 좀 더 제대로 알아보고 싶다는 갈증과 욕구가 있었다.

그런데 어느 순간부터 그 모든 것들이 아이들에게 맞춰지고 있는 건 아닌지, 아이들 잘 돌보며 안전하게 지내는 것으로 여행의 색깔이 바뀌고 있는 것은 아닌지, 늘 그랬던 것처럼 아이들 쪽으로 급회전하며 마무리되는 것은 아닐는지….

　아주 작은 의심들이 그렇게 솟아났다.

03

남편
혹은 동지

지인들이, 그리고 친정 식구들이 말하곤 한다. 무슨 복을 타고났길래 그렇게 자상한 남편을 만났느냐고. 내가 봐도 참으로 자상하고 가정적인 남편이다. 그런 사람과 살면 불만이 하나도 없을 것 같지만, 마냥 그렇지는 않다. 서로 다른 인격체라 취향의 차이가 분명히 존재한다. 그런 차이로 인한 신경전도 여느 가정과 마찬가지로 있다.

우리가 서로 얼마나 다른지는 집안일을 할 때 확실히 알 수 있다. 나는 어느 공간이든, 어떤 물건이든 바닥에 무엇인가가 너저분하게 널려있는 건 참을 수 없다. 가령 이부자리가 자고 일어난 모습 그대로 구겨져 있거나 소파가 무언가로 잔뜩 어지럽혀져 있을 때. 그런 것들을 보면 나는 짜증이 올라온다. 모든 공간이 정갈하게 청소된 것을 좋아하지만, 문제는 그런 깔끔한 취향을 현실의 내가 제대로 따라가지 못한다는 것이다. 특히 작은 생필품이나 냉장고 안의 음식들을 차곡차곡 가지런하게 정리하기가 나에겐 왜 그리 어려운지…. 한마디로 뭔가 많이 엉성한, 2% 아니 20% 부족한 주부라고나 할까?

그런 나와 달리 남편은 지저분하게 널려있는 물건들을 기가 막히게 탁탁탁 정리하고 쓸모없는 물건과 음식들을 과감하게 버리는 편이다. 한참 더 사용해도 괜찮아 보이는 물건이나 먹어도 될 것 같은 음식을 버려서 옥신각신하는 경우가 종종 있지만, 무엇이든지 아주 깨끗하게 정리해두는 성격이라 물건을 못 찾는다거나 하는 일은 절대 없다.

감기약이나 자잘한 서류 같은 것들을 어디에 두었는지 잘 기억하지 못하는 나는, 회사에서 일하고 있는 남편에게 그 위치를 물어보는 상황을 자주 연출하곤 한다. 그럴 때마다 항상 헷갈리지도 않고, 심지어 잠시 고민하거나 주저하지도 않고 무엇이 어디에 있는지 정확하게 알려주는 그가 참 신기할 뿐이다. 예를 들면, '작은 수납장 위에서 두 번째 서랍 안, 은색 상자 앞쪽' 이런 식이다. 내가 집을 온통 들쑤시고 다니면서 그렇게 오랫동안 찾아 헤매도 털끝조차 보이지 않던 그 물건들은 신기하게도 항상 남편이 말한 그곳에 있다. 그게 가능한 일인가? 집에 있는 온갖 자잘한 것들의 위치까지 어떻게 그리 정확하게 그의 기억회로에 남아있을 수 있단 말인가!

그에게 나는 또 오죽 어설픈 여자로 보이겠는가!

하지만 신은 공평한 법. 남편에게도 구멍이 있다. 남편은 깔끔하게 외관을 정리하는 것에는 그다지 신경 쓰지 않는다. 앞서 말했듯이, 그건 내가 매우 중요하게 여기는 항목이다. 남편이 샤워하고 나온 욕실을 보면 이 사람이 얼마나 무신경한지 단번에 알 수 있다. 욕실 바닥은 물론이고, 세면대에도 머리카락이 이리저리 널려있다. 그뿐인가. 혼자 누워있었을 뿐인데도 거실 한가운데에 쿠션과 무릎 담요가 이리저리 엉킨 채로 뒹굴고 있으며, 커다란 소파도 그가 앉았다 하면 항상 뭔가 모양 빠진 자세가 되어버리는 것은 뭘 의미하는 걸까?

우리의 차이는 커피 취향에서도 확실히 드러난다. 나는 땀이 삐질삐질 절로 솟아나는 한여름 아니고는 뜨거운 커피를 마신다. 연한 것보다는 진하게, 화려한 커피잔보다는 투박한 머그잔에 가득 차게 해서 에스프레소의 거품이 끝까지 올라와 있는 순간, 고소한 커피 한 모금을 마시면 그렇게 기분이 좋을 수 없다. 육아에 지칠 때나 온몸에 에너지가 떨어져 가는 오후 3~4시 무렵, 혹은 억지로 눈을 뜨고 아침을 준비해야 할 때…. 그럴 때마다 커피는 나의 친구이자 벗이 된다. 운전할 때도 항상 커피를 옆에 두고 마시는 편이고, 장거리 여행을 갈 때는 커피를 챙겨야 여행 떠날 준비가 다 되었다고 생각할 정도이다.

반면에 남편은 커피를 그다지 좋아하지 않는다. 어쩌다 마실 때면 연한 아메리카노에 얼음을 잔뜩 넣어서 그란데 사이즈의 컵에 빨대를 꽂아 쪽쪽 빨아 마신다. 향을 즐겨야 하는 헤이즐넛은 느끼하다고 마시지 않을 만큼 커피에 관심이 없다.

남편과 내가 커피 취향의 차이로 소소한 신경전을 벌인 적이 있다. 야간 운전을 세 시간 넘게 해야 하는 날이었다. 아이들은 차 안에서 편히 잠들 수 있도록 미리 씻겨서 순면 옷으로 갈아입히고, 커다란 슈트케이스에 짐을 다 싸놓은 다음 남편에게 한마디 물었다.

"커피는?"

"뭘로 마실 거야?"

"맥심"

커피머신도 있고 다양한 맛의 커피 캡슐들이 즐비하지만, 왠지 야간 장거리 운전에는 달달한 인스턴트커피가 잘 맞는 듯했다. 남편에게 맥심을 부탁한 후, 나는 한동안 커피를 기억에서 놓고 있었다. 고속도로를 한참 달리다가 갑자기 커피 한 모금이 생각났다.

"나 커피 좀 줘."

조수석에 앉아있던 남편이 보온병 뚜껑을 열어서 한 손에 잡을 수 있도록 조심스레 건넸다. 기분 좋게 한 모금 마시는 순간, 짜증이 확 났다. 내가 기대하던 건 뜨거운 커피였는데, 미지근한 물에 이도 저도 아닌 밍밍한 커피가 입으로 흘러들어왔다. 그게 뭐라고, 그게 왜 그렇게 신경질이 나던지….

"아~ 뭐야! 이거 왜 이렇게 미지근해. 그리고 이게 무슨 맛이야? 커피가 왜 이리 심심해?"

그냥 참고 마시면 될 것을, 결국엔 심통 나는 목소리로 툭 핀잔을 던지고 말았다. 남편이 커피를 마셔보며 말했다.

"왜? 이거 일부러 이렇게 탄 건데? 갑자기 너무 뜨거운 커피 마시면 놀라서 운전대 놓칠 수도 있고, 옷에 흘리기라도 하면 뜨거울까 봐 일부러 마시기 좋은 온도로 맞춰서 탄 건데 왜 그래? 딱 좋은데…?"

하아, 커피 하나 가지고도 이렇게나 다른 우리. 난 다시 한 번 목소리를 눌러가며 설명했다.

"나는 이런 미지근한 밀크커피는 비린내 나서 싫어. 내가 운전하다가 한 모금 기분 좋게 마시고 싶은 건 뜨거운 커피라고. 이렇게 야간 운전을 할 때는 특히나 더! 뜨거운 커피! 앞으로 내가 인스턴트커피를 타달라고 할 때는 무조건 뜨거운 커피로 준비해달라고요!"

남편 입장에선 나를 배려한다고 했는데 그런 타박에 기분이 좋지 않았을 것이다. 그까짓 커피가 뭐라고…. 그래도 어쩌겠는가? 내 취향이 아닌 걸. 마시기 싫은걸.

돌이켜 생각해보면 이보다 더 배려 깊은 마음이 어디 있을까 싶다. 혹시나 뜨거울까, 사레라도 걸릴까, 작은 것까지 놓치지 않고 생각해주는 그 마음. 이성적으로야 그런 마음을 감사하게 받아들여야 한다고 생각한다.

하지만 현실의 나는 그렇게 모양새가 좋지 못하다. 커피가 내 입에 안 맞는다는 이유로 신경질이 나고, 같이 산 햇수가 얼마인데 내 취향도 모르고 이것 하나 딱딱 못 맞추나 싶은 마음에 참 서운했다. 이런 일로 혼자 씩씩거리고 있으니 또 얼마나 섭섭했을까, 그때 남편 입장에서는.

이렇게 우리 부부는 청소에서부터 커피 하나까지 모든 게 다르다.

하지만 실실거리며 농담 따먹기를 할 때는 누구보다 유머코드가 통해서 별것 아닌 말에도 웃음보가 터지고, 누가 먼저랄 것도 없이 눈꼬리가 휘어질 정도로 함께 킥킥거릴 수 있는 나의 남편. 평소엔 옆에 있거나 없거나 별로 신경 쓰이지 않다가도 어디 갈 때는 꼭 내 옆에 있었으면 하는 나의 남편. 혼자 보기 아까운 아이들의 모습을 같이 보고 웃으며 나와 똑같은 마음으로 행복했으면 하는 나의 남편. 변화무쌍한 감정의 무지개 곡선에 울고 웃는 나를 조용히 지지해주는 나의 남편. 내가 어디론가 훌쩍 떠난다고 할 때마다 안 된다고 하기보다 왜 그러느냐고 뭐가 힘드냐고 물어봐 주는 자상한 나의 남편.

　'이런 남편을 두고 훌쩍 떠나면 나는 과연 잘 지낼 수 있을까? 아이들이 아빠를 보고 싶어 하면 그땐 어떻게 하지?'

　여행을 가기로 굳게 결심했음에도 불구하고 매번 매시간 생각지도 못한 자잘한 고민들이 새어 나왔다. 금이 간 그릇에서 물이 새는 것처럼….

　'나, 이 여행 떠날 수는 있는 거니?'

04

관심 어린 충고
감사합니다

아이들을 데리고 사이판에 다녀올 것이라고 하니 주변에선 이런 반응들을 보였다.

"오~ 재미있겠다. 가족 여행 가는 거야?"

"사이판 갈 거면 OO리조트가 좋아! 서비스도 좋고 물놀이 시설도 잘되어있거든."

"OO리조트 뷔페 음식 진짜 맛있어! 거기도 가봐!"

"여름 휴가 다녀오기엔 괜찮아~ 근데 리조트 빼곤 볼 것 없으니까 리조트에서만 놀다 와."

"가족 여행, 나도 가고 싶다."

다들 짧은 관광을 생각하는 듯 추천 하는 곳도 거의 비슷했다. 하긴, 워낙 작은 곳이라 가볼 곳이 딱 정해져 있는 것도 사실이고.

그런데 내가 한 달 정도 지내고 올 거라고 말하자 '이 사람들이 서로 다들 아는 사이인 건가?' 하는 생각이 들 정도로 비슷한 반응을 보였다.

당연히 그들은 서로를 몰랐는데도 말이다.

"어머~ 사이판에서 아이들을 데리고 그렇게나 오래 있을 거라고? 아니 거길 대체 왜 가? 나무하고 바닷가 빼면 볼 것도 없고, 풍경도 거기서 거긴데 왜 가?"

"원주민들이 대부분이라 진짜 미국인 만나기도 어렵고 발음도 이상해. 우성이 영어 때문이라면 다른 곳으로 가지그래? 괜히 거기에 있다가 좋은 발음만 이상해지면 어떻게 해?"

"리조트에서 놀다 오는 거 아니면, 아무것도 없이 심심해서 1주일만 지나도 후회할걸?"

"풍경이 다 거기서 거기야. 시골도 그런 시골이 없는데, 날씨도 완전 푹푹 찌게 더워서 바닷가에 나가도 얼마 놀지 못해! 그냥 짧게 놀러 갔다 오지그래?"

주변에서 이렇게 반대하니 나도 잠시 당황할 수밖에 없었다. 아이 둘을 데리고, 더군다나 아빠도 없이 이산가족이 되면서 한 달씩이나 굳이 여행을 가야 할까? 하는 생각을 누구나 할 것이다. 동선이 좌르르 나오는 동네도 아니고 말도 안 통하는 외국으로.

'영어 능통자라도 혼자 타국에서 아이들을 돌보는 게 쉽지 않은데, 쉬운 회화 몇 마디조차 머릿속에서 짜내며 하는 수준으로 한 달을 보낸다고? 너무 무모한 짓 아닌가? 혹시 사고가 나거나 애들 아프기라도 하면 어떻게 하려고. 사이판 의료시설이 완전 별로라던데, 이제 겨우 두 돌 아기까지 데

리고…. 쯧쯧. 엄마가 철이 없으면 애들이 생고생하는 거지.'

뭐 대충 이런 눈치를 받았고, 느꼈고, 실제로 그런 질문을 받기도 했다. 둘째는 어려서 아무 기억도 못 할 거라며 쓸데없이 돈 쓰지 말라는 충고 아닌 충고까지 들었다.

그럴 때마다 큰소리로 이렇게 말하고 싶었다.

'아…, 맞아요. 맞아. 관심 어린 충고 감사합니다. 하지만 그렇게 안 되는 이유만 생각하면 저는 언제 떠나보나요? 언제쯤이면 아이들과 떠날 수 있을까요? 완벽한 타이밍이란 것이 있기는 한가요? 금전적으로 여유 있을 때는 또 언제일까요? 하늘에서 돈벼락이 떨어진다면 모를까, 홑벌이 월급쟁이 가정에서 저는 항상 도토리 키 재기 하듯 알뜰하게 살아야 할 것 같아요. 저는 모르겠어요. 언제가 굿 타이밍인지 말이에요. 그냥 지금 이렇게 떠나고 싶을 때가 딱 그때인 것 같아요. 제가 간절하게 떠나고 싶고, 두 아이와 같은 곳을 바라볼 준비가 되어있는 지금 말이죠. 어찌 되었든 여러분의 관심과 걱정은 마음속에 꼭꼭 담고 조심하도록 할게요.'

관심과 충고 속에 숙소와 항공권 예약을 마치고 제일 많이 들은 말은 바로 이 말들이었다.

"대단하다." "멋지다, 멋져." "안 무서워?"

나도 보통 엄마인데 별다른 것이 있을까. 그들이 생각하는 것처럼 나도 두렵고 걱정되고 심란하고, 중간에 조용히 포기하고 싶은 마음이 분명히 있었다. 엄마들이라면 아이 둘이 어떤 의미인지 눈치챌 수 있으리라. 그만큼의 힘듦도 분명히 존재했다. 남들 눈에는 순해 보여도 엄마를 들었다 놨

다 하며 말 안 듣는 일곱 살 남아와 거침없는 두 돌 아기라는 것은 변함없는 사실이었다.

솔직히 말하면, 나 또한 상냥하고 부드러운 엄마는 아니다. 온화한 미소를 머금으며 차갑지도 뜨겁지도 않은 목소리로 대화하고 싶고, 뜬금없는 질문 세례에도 세상에 둘도 없는 상냥한 목소리로 아이들 눈높이에 맞춰 대답해주고 싶기는 하다. 하지만 나도 사람인지라 화를 참지 못하고 큰소리로 야단칠 때도 있고, 때로는 쌀쌀맞은 말투와 표정으로 대하기도 하고, 내 몸 피곤하고 아프면 아이들을 억지로 옆에 눕혀서 재운 적도 종종 있다.

마냥 상냥하기엔 급한 성격이고, 그런 급함을 따라가기엔 뭔가 허술한 캐릭터라서 항상 엇박자가 나는 건 어쩔 수 없는 사실이다. 엄마답지 못하게 혹은 어른답지 못하게 행동하고 말한 적은, 기억하고 싶지 않아서 그렇지 정말 셀 수 없이 많았다. 여느 엄마들처럼 그렇게 매시간, 매분 시행착오를 겪고 있다. 이런 보통 엄마이기에 내가 먼저 불을 댕긴 한 달간의 타국 생활에 기대감만 가득하지는 않았다.

출국이 다가올수록 걱정과 두려움이 번갈아 찾아왔다는 건 비밀이다.

05

여행 가방을
싼다는 건

출국하기 며칠 전, 남편이 바쁜 일정 중에도 짧은 휴가를 낼 수 있게 되었다는 소식을 들었다. 혼자여도 물론 잘 갔을 것이지만, 남편이 함께 출국한다니 어쩐지 마음이 한결 가벼워지는 느낌이었다.

드디어 전날 밤, 한 달 살이를 준비하려니 가방에 들어갈 짐이 끝도 없이 쏟아졌다. 내가 생각한 것은 간소한 여행이었는데 아이들과 함께하는 터라 어느 것 하나 쉽게 포기할 수 없었다. 110볼트 돼지코는 기본. 옷이 땀에 젖을 때마다 수시로 갈아입히려면 옷도 많이 필요하지, 하며 한 벌 두 벌 챙기다 보니 어느새 한 보따리가 되었다. 햇볕이 뜨거운 곳이라 특별히 차단지수 높은 선크림으로 넣고, 선캡과 선글라스도 같이 넣고, 이왕이면 햇볕 화상에 좋은 알로에 겔도 챙기고⋯.

이런 식으로 한 가지를 생각하면 관련된 것이 주르륵 생각나서 가방은 점점 더 산만큼 커지고 트렁크의 개수도 늘어만 갔다. 짐을 싸다 말고 갑자기 기운이 쪽 빠졌다.

'짐을 다 싸서 비행기를 탈 수는 있으려나?'

짐을 줄이려 해보건만, 줄줄이 소시지처럼 계속 늘어났다. 수영복, 각종 물놀이용품, 구명조끼, 튜브도 크기별로 준비하고, 모래 놀이 세트까지. 샌들도 하나씩, 아쿠아슈즈와 슬리퍼까지 종류별로 챙겨 넣으니 신발만 열 켤레였다. 날씨나 컨디션 때문에 숙소에 머물 경우에 쓸 종이접기 책, 색종이, 가위, 풀, 스케치북, 색연필 따위를 꼼꼼히 넣었다. 여기까지도 벌써 한 짐이지만, 아직 끝나지 않았다.

의료시설이 굉장히 열악하고 약국 찾기도 어려운 곳이라서 각종 상비약이 빠질 수 없다. 잦은 물놀이나 에어컨 냉방으로 감기에 걸릴 때를 대비해 어린이용 종합 감기약도 여러 개 챙겨 넣었다. 소화제, 해열제, 일회용 밴드와 자주 두통에 시달리는 나를 위한 진통제까지. 비상약은 그리 공간을 차지하는 것도 아니니까.

둘째 아이가 좋아하는 콩순이 컴퓨터와 큰아이를 위한 구슬 퍼즐, 미니 루크, 퍼즐도 챙겼다. 언제 어디서나 책을 끼고 다니는 아이들을 위해 최소한의 책 몇십 권을 넣고 내 책도 몇 권 넣으니 이제 가방은 한 마리의 곰 같은 무게와 부피로 마음을 불편하게 만들었다. 한국에 있는 건 외국에도 다 있는 줄 알면서도 왜 이리 챙겨갈 것이 많은지….

힘들게 닫은 가방을 열어서 한참을 째려보았다. 안 가져가도 될 만한 것들이 조금씩 눈에 들어왔다. 자잘한 물건에 대한 욕심을 버리고 부족한 것은 현지에서 사기로 하며 아이들 옷가지와 개인용품들을 (나름대로) 과감히 빼냈다. 그나마 줄이고 줄였는데도 거대한 슈트케이스 한 개와 여행 가방 다섯 개를 꽉꽉 채우고 나서야 짐 싸기를 마무리할 수 있었다.

가방을 싸는 일은 마음속 욕심들을 하나씩 확인하는 일 같기도 하다.

가방을 싸며 기운을 다 빼고 뜬눈으로 밤을 새우다시피 한 우리 부부는 새벽에 다시 짐을 마지막으로 점검하고 집을 정리하기 시작했다. 엄마 아빠가 분주하게 오가는데도 아이들은 여전히 꿈나라에 빠져있었다. 몇 주 전부터 매일 지도를 보며 여행을 기대했던 아이들은 몇 시간만 지나면 한국이 아닌 낯선 외국에 머물게 되는 걸 아는지 모르는지 쿨쿨 쌕쌕 숨을 내쉬며 세상모르게 잤다. 눈조차 뜨기 힘들어하는 아이들을 조심스레 깨워서 간단히 씻기고 공항으로 출발했다.

사이판까지 4시간 남짓. 길지 않은 비행시간이지만, 아무리 가까워도 비행기를 타고 외국에 가는 것은 매번 걱정스럽다. 촌스러워서 그런 것인지는 몰라도 뭐 하나라도 빠트리고 갈까, 비행기를 놓치면 어쩌나 마음 졸이는 성격이라 여유롭게 공항에 도착하고 나서야 조금 마음을 놓았다.

그렇게 공항에 도착한 나와 남편은 이미 피곤으로 반쯤 넋이 나갔지만, 아이들은 에너지가 아주 제대로 충전이 된 듯 신이 났다. 아이들은 유리창 너머로 보이는 날개 달린 거대한 물체를 창문에 딱 붙어서 구경하며 장난치기 바빴다. 처음 보는 것도 아니고 여러 번 타보기도 했건만 아이들에게 비행기는 봐도 봐도 재미있고 흥미로운 대상인가 보다.

어느덧 탑승 시각이 되어 우성이, 남편, 내가 나란히 좌석에 앉고 두 돌 전인 승희는 내 무릎에 앉히고 나니 피로가 확 밀려왔다.

'진짜 출발하긴 하는구나.'

윙윙거리는 울림을 뒤로하며 비행기가 스르륵 이륙하더니 이내 뭉게 구름 속을 날았다. 피로와 긴장 사이에서 제대로 느끼지 못했던 여행의 출발이 그제야 비로소 느껴졌다. 좌석은 비좁고 기내식은커녕 물만 나오는 저가 항공이지만, 그런 것은 하나도 중요하지 않았다. 중요한 것은 내가 한국을 떠나고 있다는 것이었다. 여행이 시작된 것만으로 모든 불편함을 감수할 수 있었다. 그까짓 네 시간의 불편함이란 나에게 아무것도 아니었다.

아무렴, 내가 구름 속을 날고 있는데!

하지만 잠시후, 그런 나의 즐거운 심리도 원초적 배고픔 앞에 무너졌다. 밤새도록 준비하느라 기운을 쏙 빼고 허기까지 느껴지자 이제 구름이고 뭐고 더 이상 눈에 들어오지 않았다. 요동치고 있는 배 속을 진정시켜야 할 때가 된 것이다. 분명 이런 순간이 올 줄 알았다. 기내식을 팔긴 하지만 직접 만들어온 샌드위치를 꺼내서, 아이들과 남편에게 건네주고 나도 한입 먹었다. 입 안이 고소해지며 기분이 좋아졌다. 다른 승객들도 김밥이나 간단한 스낵을 꺼내어 먹었다. 분명 우리는 비행기를 타고 있는데 분위기는 춘천행 기차를 타고 소풍을 떠나는 기분이었다. 저가 항공의 매력은 이런 소박한 재미일지도 모르겠다.

혼자 공상하며 즐거워하는 사이, 비행기 안은 아이들 찡얼거리는 소리, 울음소리, 투덜거리는 남편들 목소리, 휴대기기에 담아온 유아용 영상소리로 조금씩 소란스러워졌다. 아이가 기내에서 울기라도 하면 엄마들이 얼마나 조급해지는지 너무도 잘 알기에 우리들의 이 여행이 순조롭게 진행되기를, 엄마들이 조금만 더 기운 내기를 맘 속으로 기원했다.

얼마 후, 사이판 도착을 알리는 기장의 목소리가 비행기에 울려 퍼졌다. 이제 도착인 건가? 가슴이 방망이질하듯 두근거리기 시작했다. 비행기 창밖으로 낡고 수수한 사이판 공항의 풍경이 펼쳐졌다. 주섬주섬 가방을 챙겨서 입국 심사대로 향했다. 한창 메르스로 분위기가 흉흉한 한국을 떠나왔는데, 사이판 역시 1주일 전에 휩쓸고 간 태풍으로 통신망이 거의 망가져 있었다. 이 때문에 이스타ESTA, 입국 사전 심사 제도로 간단히 입국하리란 기대와 달리 길게 줄을 서서 기다린 후에야 입국 심사를 마칠 수 있었다.

공항 밖으로 나오니 한국의 더위와는 또 다른 후덥지근함이 느껴졌다. 무척 덥고 습도까지 높지만, 무역풍 때문에 끈적임이 없는 사이판 특유의 날씨. 뜨거우면서도 기분 나쁘지 않은 사이판의 열기를 접하자 어수선한 공항 분위기로 심란해졌던 마음이 조금은 가라앉았다. 그제서야 사이판의 쨍하도록 파란 하늘과 화려하게 얼굴을 내밀고 있는 붉은빛 플레임 트리들이 눈에 들어왔다.

'칙칙하거나 우울한 느낌은 전혀 찾아볼 수 없는 이런 선명한 색감. 이렇게 초록과 파랑이 넘치는 여름의 나라에 내가 왔구나. 한 달 동안 아이들과 많은 추억을 만들 곳이구나.'

아이들은 답답한 비행기와 공항을 벗어나 자연의 공기를 마시는 것만으로도 기분이 좋아졌는지 바닥에 떨어진 나뭇가지로 장난을 치며 놀기 시작했다. 남편과 나는 사이판의 강렬한 햇살을 맞으며 비로소 사이판에 왔음을 온몸으로 실감했다.

알 수 없는 에너지가 일순간 몸 구석구석으로 퍼져나갔다.

06

헬로
사이판

　　신혼여행 때 잠시 머물렀던 이곳은 여전히 쨍한 햇살과 여전히 파란 하늘을 뽐내며 우리를 맞이했다. 주문을 외듯 마음속으로 속삭였다.

　　'사이판아! 우리 잘 지내보자꾸나.'

　　공항 밖에는 한 달간 머물게 될 숙소의 차량이 우리를 기다리고 있었다. 차에 올라 약 15분가량을 이동하는 사이, 창문 밖으로 예전 시골에서나 있었을 법한 나지막한 회색빛 낡은 건물들과 수수한 옷차림을 한 현지인들, 진초록 야자수와 흰 구름 떼로 가득한 푸른 하늘이 눈에 들어왔다. 이렇게 촌스러운 곳이 또 어디 있을까 하면서도 하늘만 실컷 봐도 이 여행이 성공할 것 같은 기분에 저절로 콧노래가 흥얼흥얼 흘러나왔다.

　　어느새 우리는 숙소에 도착했다. 사이판에서 10년 넘게 생활하며 터전을 잡은 한인이 운영하는 게스트하우스로, 건물의 1층에는 식당과 여행사 등의 상점이 있고, 2층에는 원룸식으로 꾸며놓은 여러 개의 방이 있다.

그중 가장 끝에 있는 아주 작은 방이 아이들과 내가 한 달 동안 살게 될 곳이었다. 여덟 평 남짓한 작은 방에는 숙식을 해결할 수 있는 싱크대와 미니냉장고, 작은 테이블과 수납장이 있고, 한쪽으로 침대 두 개와 작은 욕실이 있었다. 에어컨도 잘 작동하고 있으니 이 정도면 No Problem!

하지만 남편은 우리 셋이 조금 더 나은 공간에서 생활하길 원했는지, 시야가 좀 더 확 트인 방으로 옮기는 것이 어떠냐고 계속해서 물어봤다. 아이들도 조금 더 넓은 곳에 있으면 편하지 않겠느냐며. 하지만 다른 방들은 창문이 하나씩만 달려있는데, 건물 모서리에 있는 우리 방은 앞과 옆 두 방향으로 창문이 있어서 좋았다.

창밖을 내다보니 게스트하우스 바로 옆으로 현지인들의 주택이 딱 붙어있었다. 녹물이 손가락에 묻어날 것처럼 녹슬 대로 녹슨 양철 지붕이 여유롭지 않은 그들의 삶을 보여주었다. 이렇게나 사실적이고도 지극히 현실적인 풍경은 내가 생각하고 있었던 것보다 이곳이 훨씬 더 불편할 수 있음을 예고했다.

그래도 나는 이곳이 마음에 들었다.

남편이 렌터카를 찾아오는 사이에 짐 정리를 대충 마치고, 천천히 숙소 주변을 둘러보았다. 근처에 24시간 상점이 있고, 길 건너로 코스트코 같은 대형마트와 극장이 보여서 마음이 가벼워졌다. 옆에 있던 남편도 조금은 안심하는 표정이었다.

"사이판 도착한 기념으로 근처 드라이브나 한번 해볼까?"

남편이 한결 가벼워진 목소리로 말했다. 마침 같은 생각이라 곧바로

오케이 하고, 운전석에 올라 시동을 걸었다. 그런데 이게 웬일이지? 눈앞에 당연히 있어야 할 내비게이션이 보이지 않았다. 순간 몰려드는 당황함을 감춘 채 물었다.

"으응? 내비게이션이 어디로 간 거야?"

"아~ 내가 말 안 했구나? 사이판은 내비게이션이 원래 없대. 섬이 워낙 작고 도로가 단순해서 차량에 지원이 안 된다더라고."

"뭐? 뭐라고? 그럼 나같이 공간 지각능력이 떨어지는 길치는 어떻게 운전을 하라고~!"

해맑은 남편의 대답에 심장이 덜컹거리는 느낌이었다. 너무 놀라서 눈을 동그랗게 뜨고 있는 나에게 지도 한 장을 건네주는 남편. 사이판은 지도를 보면서 큰길로 쭈욱 따라가기만 하면 된다며 너무 걱정하지 말란다.

하지만 내가 누군가…. 멀쩡한 정신으로 건물 주차장에 들어가도 내가 들어온 쪽이 어디인지, 어디가 입구고 어디가 출구인지 나올 때마다 헷갈려서 정신이 혼미해지는 내가 아닌가. 그런 국가대표 방향치이자 길치인 나에게 내비게이션 없이 운전하라는 것은 거의 사형선고나 다름이 없었다. 남들은 곧잘 보는 지도도 무척 어렵게 느껴지는 맹한 나인데, 더군다나 지도를 보고 다녀야 한단다.

외국에까지 와서 길을 잃어버리면 어쩌나, 갑자기 걱정과 긴장 게이지가 급상승하고 손이 덜덜 떨려왔다. 나를 가만히 바라보고 있던 남편이 막상 운전해보면 금세 익숙해질 것이라며 자기가 길을 알려줄 테니 너무 걱정하지 말라고 토닥였다. 속으로는 누구보다 걱정을 많이 하고 있었을 남편이지만, 그렇게 덤덤하게 말을 해주니 조금은 마음이 놓였다.

'아, 이렇게 든든한 남편이 떠나고 나면 난 어떻게 하나….'

내가 타고 다닐 차는 두 아이를 카시트에 태우기 무리 없는 소형차였다. 용기 내어 운전하려고 보니 핸들은 왜 그리 빡빡하고, 후방 카메라가 없는 건 왜 그리 어색하던지. 사람이 참 간사한 것이, 아무 생각 없이 그 모든 편의시설을 누리다가 없어지자 그렇게 불편할 수가 없었다.

'내가 이렇게 편한 세상에서 살다 왔구나. 아이들에게만 간소한 삶을 얘기할 게 아니라 내가 먼저 그동안 익숙했던 편안함과 안락함에서 벗어나야 하는구나. 애들이 아니라 어른이 문제구나….'

아이들과 이 시간을 제대로 즐기려면 수십 년을 편하고 쾌적한 환경에서 살아온 내가 먼저 바뀌어야 했다.

'내비게이션 생각은 집어치우자. 내가 빨리 길을 익히는 수밖에 없으니까, 정신 차리자! 정신!'

주변의 상점들과 랜드마크 건물들을 찬찬히 둘러보며 운전을 하니 핸들의 움직임이 차차 손에 익기 시작했다. 얼마 후 내 입에서, 옆자리에 앉은 남편의 입에서, 카시트에 앉아있던 아이들의 입에서 동시에 감탄사가 흘러나왔다.

"와~와~ 바다다! 바다! 와아~ 저기 바다색 좀 봐봐! 이야~ 하늘 봐봐! 저기 저 나무들 좀 봐!"

숙소에서 나온 지 불과 십여 분이 흘렀다. 내비게이션이 없다고 투덜대다 운전한 지도 3~4분밖에 지나지 않았다. 그런데 내 입에서는 언제 그랬냐는 듯 탄성만 계속 튀어나왔다. 게다가 해안도로를 따라 운전하기는 너무

나도 쉬웠다. 난폭 운전자 없고, 알아서 서로서로 양보해주고, 주차 걱정 없고, 도로는 단순 그 자체이고, 여자들에게 친절하기까지 했다. 더운 나라 사람들 특징인지 사이판 사람들 특징인지 알 수는 없지만 다들 느릿느릿 운전했다.

불과 몇 분 전까지 좌불안석이던 모습은 온데간데없이 사라지고, 아름다운 바다에 넋을 뺏긴 듯 환호하고 감탄하는 내 모습만 남았다.

5분도 안 지났는데 아름다운 해변이 좌르르 펼쳐지는 감동이라니….

차를 세우고 모두 함께 바닷가로 달려갔다. 당장 바닷속으로 들어갈 듯 신나게 달려가던 아이들은 발만 살짝 담갔다. 그것도 아주 사알짝. 아직 아기인 승희는 그렇다 쳐도, 큰아이 우성이는 좀 더 들어갈 줄 알았는데 딱 거기까지였다. 소리 높이 지르던 환호성이 무색하게.

겉으로 보이는 당돌함과 달리 겁이 많고 신중한 우성이는 바다 앞에서도 여지없이 특유의 조심성을 보였다. 조금 더 과감하면 좋겠다는 건 엄마의 바람일 뿐, 아이는 바닷물을 바라보기'만' 하며 헤헤거리고 있었다. 그리고는 모래사장에 털썩 주저앉아서 조몰락거리며 모래 놀이를 하기 시작했다.

'우성이는 과연 사이판의 바다에 몸을 맡길 수 있을까?'

Part 2

특별함을
놓을 때가
특별해지는

순간이다

"여행과 장소의 변화는 정신에 활력을 준다."

– 세네카

01

역사가 숨 쉬는
사이판 북단으로

짧은 휴가를 내고 따라온 남편에게는 이번 여행이 여름 휴가나 다름 없었다. 온 가족이 함께할 수 있는 시간만큼은 다른 관광객들처럼 즐겨보기로 했다. 좁고 긴 모양의 사이판을 남북으로 종단하는 데 20~30분. 우리는 사이판 북부의 역사 유적지를 찾아 나섰다. 맨 먼저 제2차 세계대전 당시 억울하게 희생된 한국인의 넋을 달래기 위한 한국인 위령탑에 들렀다. 일본인과 중국인 관광객들로 북적북적한 바로 옆의 일본군 최후 사령부와 달리, 이곳엔 우리 가족 말고는 아무도 없었다.

그래서 더욱 마음이 시리고 숙연해졌지만, 그렇게 무거웠던 발걸음은 잠시 추모를 하는 소소한 행위로 조금 가벼워지는 듯했다.

다음으로 마피 산 서쪽에 있는 자살 절벽으로 향했다. 일본인들이 자국의 패망을 인정하지 않고 미군에 투항을 거부하며 차례로 몸을 던진 곳이라고 한다. 그리고 사이판 최북단의 또 다른 절벽, 영화 빠삐용의 마지막

장면으로 유명해진 만세 절벽에도 들렀다. 제2차 세계대전에서 일본이 패망한 후 일본인들이 서로를 밀며 투신한 장소라고 하는데, 이 절벽이 일본과 가장 가까운 곳이란다. '덴노헤이카 반자이(천황폐하 만세)'를 외치며 투신했다고 해서 반자이 클리프, 즉 만세 절벽으로 불린다. 당시 투신자가 수천 명이 넘었고, 그중에는 투신을 강요받은 한국인도 있었다고 한다.

태평양을 향해 확 트여있는 절경을 마냥 멋지다고 할 수 없었던 건, 내 뇌리에 충격적인 영상이 또렷이 남아있었기 때문이다. 사이판 도착 다음 날 방문한 아메리칸 메모리얼 파크 전시관에서 본 영상이 바로 그것이다. 영상은 전쟁 당시 일본군과 미군의 대치 상황을 보여준다. 만세 절벽에서 뛰어내리는 일본인들의 모습까지도 생생하게 찍혀있는데, 어린 아기를 품에 안고 뛰어내리는 여인의 모습과 마네킹처럼 시신이 둥둥 떠다니던 영상이 너무나도 충격적이었다. 한 인간에게 조국이 무엇이길래 그렇게 깎아지른 벼랑에서 몸을 던지게 하는 걸까, 영상을 보며 많은 생각이 교차했다.

슬픈 사연과는 상관없이 절벽의 경치는 무척 웅장하고 짙푸른 빛으로 자연의 아름다움을 보여주었다.

그래서 더욱 마음이 무거웠나 보다.

무거운 마음을 털고 사이판 최고의 다이빙 포인트, 전 세계 다이버들의 핫스팟인 그로토로 향했다. 사이판 북단에서 동해안으로 내려오는 길에 매독 곳이라는 절벽이 있는데, 그 아래로 자리 잡은 종유굴이 바로 그로토이다. 그로토 주차장에서 푯말을 따라 계단을 내려가면, 아치형 천장의 동굴에 바닷물이 들어오며 만들어진 천연 수영장이 기다리고 있다. 바다 쪽에서 들어오는 빛이 수면에 반사되면서 시간마다 동굴 속 물빛이 달라지는데, 오후에 특히 환상적인 경관을 볼 수 있다고 한다.

가족 중 어느 누구도 다이빙을 할 수 없지만, 세계에서 손꼽히는 다이빙 포인트가 얼마나 멋진 곳인지 눈으로라도 확인하고 싶었던 우리는 주차장에 도착하자마자 기대를 안고 107개의 가파르고 촘촘한 계단을 내려가기 시작했다. 그런데 아직 어린 둘째를 데리고 가기에는 무리였을까? 아쉽게도 나는, 계단이 가팔라서 반도 채 못 내려가고 다시 올라왔다. 동굴까지 내려갔다 온 남편과 우성이의 경험담을 듣는 것으로 대신할 수밖에 없었다.

"계단 끝까지 내려가면 짙푸른 물빛을 품은 동굴이 나온다. 높이 솟은 절벽 틈새로 비치는 햇살이 바닷물과 만나며 신비로운 분위기를 연출하고 있다. 동굴 한가운데 커다란 바위가 바로 다이빙 포인트다. 물살이 얼마나 센지 바위 주위에 하얀 물거품을 일 정도이다. 동굴 이곳저곳에서 인종도 국적도 다양한 다이버들이 옷을 갈아입고 있는데, 일행이 아닌 것 같은데도 도란도란 이야기하며 환하게 웃고 있다. 같은 취미를 가진 이들만의 공감대가 느껴지고, 같은 공간에 있으면 왠지 덩달아 다이빙을 할 수 있을 거 같다…."

유명한 만큼 꽤 볼만한 곳이었나 보다. 가까이에서 볼 기회는 놓쳤지만 아무리 멋진 곳이라도 아이의 안전이 가장 우선인 법. 아쉽지만 다음을 기약했다.

남편과 우성이를 기다리는 동안 아무도 관심 없는 셀카를 오만 가지 표정을 지으며 승희와 함께 찍었다는 것이 그나마 다행일까. 아무리 귀엽고 예쁜 척해도 까마귀 발톱같이 자글자글한 눈가의 주름과 칙칙한 피부를

속일 수 없는 나이가 된 후, 사진 찍는 일은 어쩐지 쑥스럽고 어색하기만 하다. 그런 내가 사이판에서 초라한 얼굴을 마음껏 들이대며 그렇게 많은 사진을 찍을 수 있었던 이유는 사람들의 시선을 완전히 빼앗는 환상적인 자연이 뒤에 있었기 때문이다.

또한, 다음에 꼭 다시 와서 승희와 함께 그루토를 제대로 느껴보리라는 스스로에 대한 다짐이기도 했다. 사이판에 다시 와야만 할 이유를 남긴 것이다.

02

정말
남자들이란

처음 계획은 게으른 여행이었지만, 사이판 구석구석을 최대한 자세히 둘러보고자 하는 의욕이 슬그머니 생겨났다. 나중에 본전 생각나지 않고, 나름 알차게 보냈노라고 흐뭇해하고 싶었던 것이다. 내 안의 속물근성이 튀어나왔기 때문인지, 원래 내 그릇이 작아서인지 모르겠지만.

게다가 남편과 함께할 수 있는 때 아닌가!

엉큼한 속마음을 멋진 말로 포장하며 아이들에게 슬며시 제시하니, 벌써 눈치챈 건지 고개를 도리도리 내저었다. 우성이가 'NO'라고 하며 고개를 저으면 오빠바라기인 승희도 똑같이 고개를 내둘렀다. 못난이 인형 세트도 아니면서 꼭 이런 상황만 오면 한마음 한뜻으로 사이좋게 고개를 흔들어댄다. 하지만 아이들이 싫다고 하는 걸 억지로 할 수는 없다. 순순히 아이들의 의사를 인정해주는 게 에너지를 낭비하지 않는 최선의 길이라는 건, 몇 년 육아를 통해 터득한 진리이다.

그리고 다시 생각했다. 내가 이곳까지 아이들과 함께 온 이유에 대해. 초등학교에 들어갈 아이에게 시간에 얽매이지 않는 자만이 누릴 수 있는 여유와 한껏 늘어질 수 있는 자유를 선물하고 싶었다. 느릴 수밖에 없고 느려도 되는 완벽한 환경인 곳에서 아이들을 재촉할 이유는 전혀 없었다. 박물관이나 기념관이 아니어도 아이들이 배울 것은 엄청나게 많다. 하늘의 색이 얼마나 다양한지, 개미들이 먹이를 찾아 얼마나 바삐 움직이는지, 야자수 껍질은 얼마나 단단한지, 바닷물 색은 또 얼마나 자주 바뀌는지…. 책에서도 배우기 힘든 것들이 사방에 널려있는데, 무슨 기념관이냐.

"얘들아! 수영복 챙겨라!"

간단한 먹거리와 수영용품들을 챙겨서 아침 일찍 숙소를 나섰다. 시원한 그늘에 자리를 잡고, 이미 완벽하게 한 팀을 이룬 남편과 아이들을 물끄러미 바라보았다. 이야기를 어쩜 그렇게 끊임없이 할 수 있는지 듣고 있는 내가 다 신기했다. 물론 승희는 거의 알아들을 수 없는 옹알이 수준이지만, 그런 발음에도 언제나 남편은 열심히 호응해줬다. 시간이 흘러 더위에 살짝 지친 승희는 그늘로 자리를 옮겨 모래 놀이를 시작했다. 이때 남편이 우성이에게 한 가지 놀이를 제안했다.(남편은 아이들에게 존댓말을 쓴다.)

"우성아, 우리 여기 바닷가에 있는 야자수 열매 한번 같이 따볼래요?"

"재밌겠다! 그런데 그걸 어떻게 따요? 엄청 단단해 보이는데요?"

아들과 남편이 한참을 속닥거리더니 모래 위에서 말라비틀어진 야자수 열매를 하나씩 찾아 들었다. 설마 저걸로 야자수 열매를 따겠다는 건 아니겠지, 생각하는 사이 남편은 이미 공중에 몸을 붕 띄웠다. 그러고는 나지

막한 나무에 매달린 야자수 열매를 조준하여 마른 열매를 힘껏 던졌다.

"뭐야? 지금 그 야자수를 따려는 거야? 그걸로?"

"Yes, Mommy!"

황당해하며 물어보는 나에게 우성이가 짧게 대꾸하고 나서 아빠처럼 똑같이 마른 열매를 던져댔다. 그들의 무모한 행동이 재미있어 보였는지 어느새 현지인들이 주변에 모여들어 열심히 응원했다. 부자간의 추억 만들기를 방해할 생각은 전혀 없지만, 야자수 열매를 이렇게 마음대로 따도 되는지 걱정이었다. 열매 따기에 심취해있는 남편에게 큰소리로 물어보니 괜찮다고 간단히 대답해주고는 또다시 집중 모드.

부자는 한참 땀을 뻘뻘 흘리며 공을 들이고 있건만 열매는 꼼짝도 하지 않았다. 둘은 이제 슬슬 지쳐가는 기색인데, 주변 사람들의 응원은 계속되었다. 하다 하다 이제 남편은 팔을 최대한 길게 뻗어서 열매를 손으로 잡아보려고 했다. 안타깝게도 아무리 키 작은 나무라도 남편보다는 커서 열매를 손으로 잡긴 힘들어 보였다. 그들의 얼굴은 뜨거운 햇살에 빨갛게 익어버렸고, 쓰고 있는 모자마저 거추장스러워 보였다. 더위 먹을까 걱정하며 그만하라는 말을 꺼낼 즈음, 남편은 무슨 생각인지 나무를 붙잡더니 조금씩 올라갔다. 손을 쭈욱 뻗어 야자수 열매를 잡은 후 몇 번을 빙글빙글 돌리자 이제까지 꿋꿋하게 붙어있던 열매가 맥없이 떨어졌다.

주변에 있던 현지인과 관광객들이 마치 자기가 열매를 딴 것처럼 소리를 지르며 좋아했다. 바로 전까지도 완전히 지친 표정을 보여주던 우성이와 남편은 열매 하나가 손에 들어오자마자 금세 표정이 바뀌며 의기양양해졌다.

남자는 아무리 나이를 먹어도 어린애라고 했던가! 남편과 아들이 어깨를 한껏 추켜세우고 내 쪽으로 달려오는데, 그 모습은 멋있다기보다는 차라리 귀여웠다. 가까이에서 모든 과정을 지켜보고 있었던 나에게 두 남자는 어떻게 열매를 따게 되었는지를 들뜬 목소리로 설명하기 시작했다. 열매 하나 딴 것이 뭐라고 이렇게 신이 날까. 속마음은 그렇지만, 더운데 수고했다며 과장된 표정과 박수로 화답했다. 옆에서 모래 놀이를 하던 승희도 덩달아 박수를 쳤다.

흥이 올라 열매를 높이 들어 보이던 두 남자는 야자수 음료를 만들어 먹겠다며 내 눈치를 잠시 보는 듯하더니 열매를 슬그머니 자동차 트렁크에 넣으려 했다. 그들의 기세에 못 이기는 척 허락하자 새까맣게 탄 얼굴에 미소를 한가득 채우며 또다시 외쳤다.

"올레~!"

몸은 어른이지만 마음속엔 장난꾸러기 소년이 여전히 활동 중인 남편과 일곱 살 소년은 숙소에 돌아가자마자 또다시 작은 소란을 피워댔다. 결국, 입속 가득 야자수 음료를 들이켜고서야 에피소드를 마무리했다.

정말 남자들이란.

03

세상은 넓고
좋은 엄마는 많다

남편과 함께하는 마지막 날, '마나가하 섬에 안 가면 사이판은 가나마나한 섬'이라는 농담이 있을 만큼 사이판의 보석 같은 마나가하 섬에 갈 채비를 했다. 선착장으로 가는 길에 가라판 시내의 히마와리 마트에 잠시 들러서 점심 도시락을 샀다. 히마와리 호텔 1층에 있는 히마와리 마트는 도시락으로 꽤 유명한 곳이라고 추천받은 곳이다. 과연 숙소 사장님 말씀대로 가격도 저렴하고 맛있어 보였다.

얼마 후 마이크로 비치 선착장에 도착했는데, 좀 전에 배가 떠나서 40분 정도를 기다려야 한단다. 안내인이 굉장히 미안해하더니 남편과 아이들에게 타고 놀라며 작은 카약을 빌려줬다. 신이 난 남편과 아이들은 어느새 카약에 빠져서 열심히 바닷가를 헤치고 돌아다니기 시작했다. 작은 친절에도 금세 감동하는 나는 40분이 아니라 한 시간이라도 충분히 기다릴 수 있을 것 같았다.

다음 보트가 올 때까지 여유가 생겨서 그늘에 자리를 잡고 앉았는데, 화려한 명품 원피스를 입은 중국인 관광객 두 명과 고급 소재의 수영복을 입은 그들의 자녀가 눈에 들어왔다. 빨간 립스틱에 실크 스카프까지 살짝 늘어뜨린, 누가 봐도 있어 보이는 외모의 두 여자는 카메라로 자신들과 자녀들의 모습을 쉴 새 없이 찍고 있었다.

나도 모르게 선글라스 너머로 그들을 훔쳐보며 티셔츠 한 장에 반바지 차림의 후줄근한 내 모습과 그들의 화려한 모습을 번갈아 바라보았다. 까만 피부와 뽀얗고 하얀 피부, 짧게 바짝 깎은 손톱에 마디 굵은 손과 형형색색 네일케어로 치장된 여성스러운 손. 나와 그들의 모습은 극과 극으로 외모 비교체험에 나온 듯했다. 나도 잠시 관광으로 왔다면 저렇게 멋지게 차려입고 갖은 포즈를 잡으며 사진을 찍고 있었을까?

흥미로운 건 그렇게 연신 사진을 찍으면서도 아이들에게서 한시도 눈을 떼지 않았다. 엄마들은 어딜 가나 자식들에게는 매의 눈을 지닌 것일까? 아이들이 조금만 깊이 들어갈 것 같으면 여지없이 큰 소리로 불러서 제지하고, 아이들이 서로 으르렁거리면 환한 얼굴이 순식간에 엄한 표정으로 변하며 훈계를 했다. 어디선가 많이 본 듯한 익숙한 풍경에 바로 전까지 달콤한 향수 내음만 풍길 것 같던 그들이 갑자기 친숙하게 느껴졌다.

아무리 멋지고 화려해도 그들도 천상 엄마인 것이다.

중국어 특유의 강한 억양으로 아이들을 혼내던 한 엄마가 나의 시선을 눈치챘는지 나에게 상냥한 미소를 지어 보였다. 나도 덩달아 환한 미소를 보냈다. 그녀는 다시 아름다운 여인네로 돌아왔지만, 나는 왠지 그녀가

도끼눈을 뜨고 아이들을 혼내던 모습이 마음에 남았다.

'아무리 명품 가방을 들고 있어도 엄마의 마음은 다 비슷한 거겠지.'

이런저런 생각에 빠진 사이, 아빠와 놀던 승희가 엄마 품이 그리웠는지 나를 향해 뒤뚱거리며 걸어왔다. 모래 위를 걷는 게 아직 많이 서툰 승희의 모습에 중국 여인들이 또다시 엄마 모드로 변하더니 짧은 영어로 아이에게 인사하며 연신 귀엽다고 했다.

승희도 자기에게 관심을 보이는 화려한 이모들이 몹시 마음에 들었나 보다. 민낯에 머리를 질끈 묶고 다니는 엄마와는 매우 다른 모습에 눈이 즐거운지, 없던 애교까지 부리며 아기의 매력을 한껏 발산했다. 그들 또한 가장 엄마다운 모습을 끌어내며 아기 티가 폴폴 나는 승희에게 열심히 반응해주었다.

'어? 이게 뭐지? 느낌 이상한데? 화려하고 예쁘면 원래 이기적이고 못 되어야 하는 것 아닌가? 그런데 어쩜 이렇게 상냥할 수가 있는 거지? 예쁘고 성격도 좋아 보이고 게다가 엄마 역할까지 잘한다면, 이거 진짜 반칙 아닌가?'

조금 전까지만 해도 별다른 감정이 없었는데, 잘나가는 게임에 반칙이 일어난 것 같은 느낌이 불현듯 들면서 갑자기 초라함과 열등감이 느껴졌다. 나이나 외모 때문이 아니다. '엄마다움' 때문이다.

세상은 넓고 좋은 엄마는 많고 많구나.

한참을 승희와 놀아주던 그들은 이제 가야 한다면서 아이들을 야무지게 챙겨서 떠났다. 나와 승희에게 더할 나위 없이 상냥한 인사를 남기며.

"그래요. 반갑고 고마웠어요."

생각지도 못한 자극을 주고 가는 그들에게 고마운 마음이 들었던 것은, 왠지 부러운 속마음을 감추고 싶어서 하는 말은 절대로 아니다.

아니, 사실은 조금…,

아주 조금은 부러웠을지도….

04

개구쟁이와
개구쟁이의 만남

중국 여인들이 떠나고 주변은 다시 고요해졌다. 사이판 바다는 어딜 가도 아름답지만, 하루에도 물빛이 일곱 번 달라진다는 마이크로 비치가 최고인 것 같다. 수심이 얕아서 어린아이들이 놀기에도 좋고, 얕은 바닷물에 연한 베이지색의 모래가 비쳐서 더욱 이국적이고 평화로운 느낌을 준다.

마이크로 비치의 아름다움을 실컷 만끽하라는 것인지, 커다란 야자수에 굵은 밧줄로 얼키설키 엮어서 만든 그네가 하나 매달려있다. 이런 곳에서 그네를 타는 기분은 어떨까? 아이들이 타고 난 후, 나도 한번 엉성한 그네에 올라앉았다. 나라도, 인종도 다른 이들이 무수히 머물다 갔을 그네가 내 몸을 싣고 앞뒤로 아주 천천히 움직였다. 그네에 따라 내 몸도 함께 박자를 맞추었다. 그네를 타고 있는 짧은 순간, 나는 두 아이의 엄마이기보다는 그저 눈앞의 자연에 마음을 빼앗긴 소녀로 돌아갔다.

그네에 앉아있으니 모든 것이 느리게 움직였다. 요란한 소리를 내며 하얀 물거품을 일으키는 작은 보트들도, 수영하는 사람들도, 간간이 부는 바람도, 그리고 나의 근육과 세포들까지 모든 것이….

긴장감이 녹아버린 걸까? 분위기 때문인 걸까? 무심한 척 검은 선글라스 아래로 표정을 숨기고 싶지만, 이미 내 입가와 어깨의 근육은 느슨해지고 있었다. 온몸으로 육아를 받아들이고 있다고 생각했는데, 사실은 나에게도 이런 여유로운 순간이 절실했던 것이다.

나만의 놀이와 사색에 깊이 빠져들 수 있는 그런 시간이.

혼자 감정의 호사를 누리고 있는 사이, 아이들은 아빠와 물놀이에 열중하고 있었다. 어디선가 우성이 또래의 현지인 남자아이가 나타나 우성이에게 다가갔다. 까만 피부에, 선해 보이는 크고 까만 눈동자의 그 아이는 바닷가에서 일하는 아빠를 따라 놀러 나왔단다. 이곳 아이들은 이렇게 단순한 공간에서, 지극히 단순한 놀이를 지루해하지도 않고 오랫동안 즐긴다. 가끔 신기할 정도로. 이 아이 역시 바닷가에서 혼자서도 아주 잘 놀고 있었다. 하지만 주변에 또래 남자아이가 있다는 건, 같이 놀 상대가 생겼다는 의미 아니던가.

게다가 우성이는 언제 어디서 무엇을 해도 입이 가만히 있는 아이가 아니다. 그런 소란스러움이 아이의 호기심을 자극했는지 눈에 장난기를 가득 숨긴 채 우성이에게 같이 놀자는 무언의 사인을 보냈다. 개구쟁이 우성이도 누구보다 찰떡같이 그 사인을 알아채며 오케이 했다. 뜻밖의 장소에서 또래를 만나니 우성이의 개구쟁이 기질이 모두 몸 밖으로 나왔다. 두 꼬마에게 남은 일은 시끄럽고 요란스럽게 장난치고, 깔깔거리는 것 말고 또 뭐

가 있을까. 둘은 대화를 하는 건지 고함을 치는 건지 알 수 없는 말을 주고
받고, 얕은 바닷물에서 튜브를 서로 밀어주기도 하며 불과 몇 분 만에 절친
이 된 듯했다. 이런 아이들 모습을 지켜보는 모두의 입가에 절로 미소가 지
어졌다. 또래와 오랜만에 장난치고 놀게 된 우성이의 표정이 여느 때보다
환하게 빛이 났다.

그런데 어쩌나…. 만난 지 얼마 지나지도 않았는데 시간은 어느덧 보
트 탈 시간으로 향하고 있었다. 그걸 모르는 아이들은 더욱더 놀이에 박차
를 가했다. 보트가 아예 늦게 오면 좋겠다고 생각하기가 무섭게, 보트가 곧
도착한다고 외치는 가이드의 우렁찬 목소리가 들려왔다. 헤어져야 할 시간
임을 알게 된 두 아이의 표정은 한눈에 보기에도 아쉬움이 가득했다. 두 아
이는 송아지처럼 두 눈을 끔벅끔벅하며 좀 전까지 활기차던 목소리는 어디
로 갔는지 콩알만 한 목소리로 'Bye'를 속삭였다. 썰렁한 작별 인사를 하는
중에도 가이드는 계속해서 출발을 재촉했다.

"우성아, 이제 그만 출발해야겠다."

보트에 자리를 잡은 후, 우성이에게 좋은 시간을 만들어줘 고맙다며
힘차게 손을 흔들었다. 우성이도 친구에게 환한 미소로 열심히 인사했다.
이제 더는 시간을 지체할 수 없다는 듯이 보트가 요란한 소리와 함께 출발
했다. 꼬마 아이는 보트가 시야에서 완전히 안 보일 때까지 계속해서 손을
흔들고 있었다. 마음 한구석이 뜨끔거리고 울컥해졌다.

맑은 눈망울을 가진 아이야.

다시 만날 때까지 행복하게 잘 지내.

05

너의 용기에
박수를 보낸다

마이크로 비치 선착장에서 고속 보트를 타고 10분 남짓 걸려 도착한 마나가하는 눈이 시리도록 선명하면서도 원시적인 아름다움으로 우리를 맞이했다. 섬을 한 바퀴 도는 데 걸리는 시간은 불과 15분. 둘레 1.5km의 작은 섬을 거니는 짧은 시간이 이토록 황홀하게 느껴지는 이유는 뭘까? 무인도를 걷는다는 호젓한 기분 때문인 걸까?

마나가하 섬의 물빛은 또 다른 오묘함이 있다. 물빛을 표현하는 말로 '청순'을 사용할 수 있다면 마나가하의 물빛은 더없이 청순하다. 청순한 물속에서 만나는 형형색색의 물고기는 또 얼마나 아름다운지….

이곳에서 나는 평화로움과 나른함을 동시에 느꼈다.

이런 아름다운 풍경에는 사람들이 몰리기 마련이고, 사람들이 몰리면 패러세일링, 스노클링, 스쿠버다이빙 같은 이런저런 액티비티 프로그램이 생기기 마련이다. 또, 이런 액티비티를 즐기고자 하는 무리에 스포츠라면 뭐든지 열광하는 남편이 있다.

남편은 짧은 사이판 일정에도 불구하고 겁 많은 우성이와 패러세일링을 해보겠다는 커다란 야심을 품고 마나가하를 일정에 끼워 넣었다. 우성이는 아빠의 계획을 눈치채지 못한 채 마나가하의 가장 얕은 물에서 물놀이를 하고 있었다. 튜브에 몸을 맡기고 있는데도 기껏 깊이 들어간다는 게 딱 배꼽까지, 우성이는 그 깊이에서 더는 들어가지 않았다. 천성이 신중하고 겁 많은 이 아이는 자신의 그런 기질을 숨기고 싶은 욕구는 또 강해서, 남자아이라면 누구나 좋아하는 칼이나 총, 그리고 힘의 세계에 관심이 무척 많다. 하지만 그건 어디까지나 관심에 그치는 이야기이다.

아들의 이런 성향을 누구보다 잘 알고 있는 남편은 패러세일링 도전을 통해 우성이의 두려움을 깨주고 싶어 했다. 사실 나는 우성이가 패러세일링을 시도조차 하지 않을 것이라 생각하고 있었다.

해가 높아지자 사람들은 그늘로 쉬러 가기도 하고 점심을 먹기도 하며 휴식을 취했다. 우성이와 승희도 그늘에서 물과 과일을 먹고 잠시 모래놀이를 하며 쉬고 있었다. 이때다 싶은 남편이 우성이를 불렀다.

"우성아, 저 옆에서 모터보트에 연결된 낙하산 타는 사람들 보여요? 저걸 패러세일링이라고 하는데 보기에 어때요? 정말 재미있어 보이지요?"

"아빠, 완전 멋있어 보여요. 그런데 저거 타는 사람들은 안 무서운가 봐요. 엄청 높이 올라가는데요?"

무서워 보인다는 말에 남편이 잠시 머뭇거리다가 말을 이어갔다.

"우성아, 아빠랑 저거 같이 타볼까요? 아빠는 우성이랑 꼭 같이 타보고 싶은데, 우성이 생각은 어때요?"

"으아아~~~~~~악! 저랑 같이요? 안 돼요! 싫어요! 저는 절대 안 탈래요. 저렇게 높이 하늘로 올라가는 것을 어떻게 타요?!"

상상만 해도 무서운지 눈이 커질 대로 커지고, 햇살에 발갛게 익은 얼굴이 더욱더 벌게지는 듯했다. 고개를 좌우로 도리질하며 단호하게 싫다는 아이 모습에 남편은 약간 실망하는 듯했다.

아이가 이렇게 두려워하며 시도조차 거부할 때, 그럴 땐 어떻게 해야 할까. 두려움이란 건 사실 자신이 만들어낸 허상일 뿐인데…. 이제까지는 아이 편을 들어주며 마음의 준비가 될 때까지 기다려주고, 계속해서 주저할 때는 그런 상황을 아예 피하게 해줄 때가 많았다.

하지만 상황이 달랐다. 내일이면 떠날 남편이 아들과 추억을 만들고 싶어 하는 걸 잘 알고 있기에, 마냥 우성이의 편에 서는 게 내키지 않았다.

"우성아, 아빠랑 같이 패러세일링 해보는 것도 좋을 것 같은데? 아빠가 우성이와 하늘을 날고 싶으신가 봐. 아빠가 우성이 뒤에서 안전하게 잡아줄 거니까 무서워하지 않아도 돼. 직접 해보지 않았으니까 무서운 건지 재미있는 건지 아직은 모르는 거잖아. 그리고 정말 무섭고 위험하다면 아빠가 우성이에게 같이하자고 했을까? 누구보다 우성이를 사랑하는 아빠인데?"

나의 설득에도 우성이는 특유의 고집스러움을 보이며 무조건 싫다고, 안 된다고를 반복했다. 그 후로도 한동안 아이를 설득하기 위해 많은 에너지를 소비했고, 결국 마지막엔 설득이라기보다는 협박에 가까운 '안구 레이저'를 쏘아대는 것으로 힘겹게 'Yes'를 받아낼 수 있었다.

휴…, 고집불통 같으니….

그렇게 협박 반, 회유 반으로 아들을 설득해 보내고 꽤 긴 시간이 흘렀다. 두 남자의 모험은 어떻게 결말이 났을까 슬슬 궁금해졌다. 궁금함이 정점을 찍을 때 즈음에 어디선가 우성이의 목소리가 들려왔다. 고개를 돌려 보니 그사이 얼굴이 더 타버린 우성이가 장난기 가득한 미소를 지으며 신나게 달려와서 품에 쏘옥 안겼다. 뒤이어 등장한 남편의 뿌듯한 표정을 보니 아들의 도전이 해피엔딩이었음을 짐작할 수 있었다. 내가 물어보기도 전에 아이는 흥분된 목소리로 말하기 시작했다.

"처음에는 너무 무서워서 눈도 뜨기 힘들었는데 가이드 아저씨가 하나도 위험하지 않다고 해줘서 용기를 냈어요. 막상 마음먹으니 그때부터는 오히려 빨리해보고 싶었어요. 갑자기 하늘로 부웅 올라가서 심장이 터질 뻔했는데, 하늘에서 내려다보는 바다는 정말 멋있었어요. 물속에서 헤엄치고 있는 바다거북까지 봤다니까요!"

아이는 흥분해서 이야기를 이어갔다. 패러세일링만으로도 이미 벅찬데 행운의 상징인 바다거북을 봤다니…, 전해 듣는 내가 다 행복하고 뿌듯해졌다. 아이의 단단한 두려움을 추억 만들기라는 명목으로 한 꺼풀 깨트려주게 된 것 같아 다행이었다.

잘하고 온 우성이가 대견한데도 그걸로 마무리할 수는 없었던지, 결국 엄마의 고질병인 좋은 말 한마디를 기어이 꺼내놓았다.

"우성아, 패러세일링 하기 전에는 무서웠지만, 막상 해보니까 별거 아니지? 사실 세상 많은 것들이 이렇게 별거 아닐 때가 많아. 보기보단 멋있고

재미있는 것도 많지. 그러니까 두렵다고 마냥 피하지 말고, 혼자 상상하던 것과 달리 흥미진진한 것이 많다는 거 잊지 말자."

남자들이 군대 이야기로 밤을 지새우는 것처럼, 마나가하 섬은 우성 이에게 아빠와의 추억을 가득 담은 곳이자 영웅담 소재로 끝없이 되풀이되는 레퍼토리가 되었다.
"그런데 우성아! 너의 또 다른 영웅담 기대해봐도 될까…?"

06

아빠라는
자리

커피의 취향이 다르듯, 육아의 방법에서도 나와 남편은 상당히 다른 편이다. 나는 정적이고 세세한 것들에 집중하고 신경 쓴다면, 애들 아빠는 내 온몸을 짜내도 나오지 않을 듯한 강렬한 에너지로 아이들과 놀아준다. 이른 저녁에 축구공 하나만 달랑 가지고 두 아이와 나가서 깊은 밤이 될 때까지 뛰어놀다 오기도 하고, 눈이 펑펑 쏟아질 때면 아파트 공터에서 귀가 빨개지도록 눈썰매를 타고 오곤 했다. 아빠와 함께 있는 동안 아이들에게선 항상 웃음이 멈추질 않았다.

나는 현재에 집중하라고 가르친다면, 남편은 새로운 것을 하라고 격려해주고 그런 기회를 만들어주는, 친구이자 모험가 같은 존재이다. 아이들은 엄마가 채워주지 못하는 많은 부분을 아빠와 함께했다. 비단 몸으로 놀아주는 것에 그치지 않았다. 항상 진솔하게 대화하고, 아이들의 사소한 말에도 눈을 맞추며 최대한 귀를 기울여주기 때문에 아빠에 대한 아이들의 신뢰는 내가 상상하는 것 이상이다.

그런 남편이 한국으로 돌아가야 했다. 그 사실을 차마 아이들에게 말하지 못한 채 마지막 밤이 되었다. 아이들이 아빠의 부재를 못 받아들일까봐, 우리는 서로 눈치만 보고 있었다. 아직은 엄마 손길이 더 필요한 승희는 그렇다 쳐도, 아빠와 함께하는 시간을 무척이나 좋아하는 우성이가 마음에 걸렸다. 남편도 시간이 날 때마다 아이들 얼굴을 따스한 눈길로 바라보며 사이판에서의 시간을 붙잡아두려는 듯했다.

넷이 함께 이 여행을 계속하면 얼마나 좋을까?

남편이 큰 결심을 한 듯 우성이를 불러서 무릎 위에 앉혔다. 그리고는 부드러운 목소리로 이제 한국으로 돌아가야 한다고 어렵사리 말을 꺼냈다. 아이는 한동안 조용했다. 뭐라고 떼쓸 법도 한데, 순순히 받아들이려는 모습에 왠지 더 마음이 아려왔다. 직장에 다니는 아빠라 오래 있을 거라곤 기대하지 않았나 보다. 드디어 우성이가 입을 열었다.

"아빠, 우리 없어도 밥이랑 맛있게 잘 챙겨 드세요. 저랑 승희는 엄마와 잘 지내고 있을게요."

아깃적 얼굴이 아직도 남아있는 아이가, 혼자 있을 아빠의 끼니를 걱정했다. 남편은 대견스러워하며 아이를 힘껏 껴안고 볼을 맞대었다. 우성이의 온기를 고스란히 간직하려는 것처럼 한참을 꼼짝도 하지 않았다. 남편은 품에 안긴 우성이와 아무것도 모르고 잠들어있는 승희를 번갈아 보며 사이판의 마지막 밤을 보냈다.

아빠의 빈자리를 과연 내가 대신할 수 있을까.

남편이 돌아가고, 셋만 남게 된 첫날. 아빠의 부재로 아이들이 힘들어하지 않을까 내심 걱정했다. 아빠와의 사이가 유별난 우성이는 말할 것도 없고, 한번 울었다 하면 뭐가 그리도 억울한지 온몸으로 자신의 분노와 억울함을 호소하는 승희가 갑작스레 아빠를 찾으며 울음보를 터뜨릴까 전전긍긍했다.

그런데 이게 웬걸. 의외로 아이들은 덤덤하게 받아들였다. 영상통화를 할 때마다 서로 대화를 하겠다고 작은 소란을 피우기도 했지만, 그리움을 겉으로 표현하기보다는 속에 묻는 것으로 아빠 없는 시간들을 채워나갔다.

그리고 사이판에서의 우리 셋은 더욱 단단한 팀이 되어갔다.

07

이 얼마나 완벽한
한량의 시간인가!

사이판의 아침이 밝았다. 언제나처럼 이곳의 태양은 오직 세상을 뜨겁게 하는 것만이 제 할 일이라는 듯 이른 아침부터 햇살을 있는 힘껏 뻗어내며 사이판 전체를 달구고 있었다. 밤새 에어컨을 켜고 자느라 목이 약간 칼칼해질 때 즈음, 블라인드 틈새를 비집고 들어오는 햇빛에 누가 먼저랄 것도 없이 눈을 뜬 우리는 침대에 누운 채 서로 눈을 마주치며 잠을 쫓았다. 서로의 퉁퉁 부은 얼굴과 부스스한 모습에 배시시 흘러나오는 웃음을 참지 못하고, 서로를 껴안고 뽀뽀를 하고 발끝을 간질이며 시끄럽게 아침을 맞이했다. 그렇게 한참을 장난치고도 시간은 넉넉하고 할 일은 없었다.

오! 이 얼마나 완벽한 한량의 시간인가!

자느라 못다 한 수다를 떨며 아침엔 뭘 먹을까부터 오늘은 뭘 하고 놀 것인지까지, 진지하지 못한 주제를 진지하게 이야기했다. 아쉽게도 두 돌

아기 승희는 고작해야 감탄사를 내지르거나 뒷말만 따라서 하는 수준으로 대화에 참여하고 있지만, 그녀의 평소 성격으로 추측해보건대 속으로는 우리보다 더한 계획을 짜고 있었을 것이다. 말이 아직 어설퍼서 스스로 애석해 하고 있었을지도.

"앗! 뜨거워!"

숙소 밖으로 나와 자동차 보닛을 만지며 내지르는 첫마디다. 이제 갓 아침 여덟 시를 넘은 시간인데도 이른 아침부터 힘을 과시하는 햇살에 자동차는 이미 달궈질 대로 달궈져 있었다. '자동차 보닛을 만지고 깜짝 놀라는 일'은 아침 햇살에 경의를 표하는, 일종의 의식이었다.

아이들을 차에 태우고 카시트 벨트까지 단단히 채워준 후 시동을 걸었다. 작고 낡은 소형차이지만 우리의 발이 되어준 고마운 차를 타고 떠났다. 특별한 목적지는 없었다. 특징이랄 것 없는 단순한 도로를 그냥 달렸다. 하지만 옆으로 고개를 돌리면 이야기가 달라진다. 온종일 드라이브만 해도 좋을 것 같은 비취색 바다의 절경이 이어졌다. 아이들이 마음에 드는 곳이라면 어디든 내려서 놀면 그만이었다.

몇 분 후, 둘째 승희가 카시트에서 고개를 빼꼼히 내밀며 무언가에 홀린 듯 '놀자'라고 말했다. 나는 그 순간 곧바로 차를 멈췄다. 그렇지 않으면 그녀의 '놀자'라는 말을 무한 반복해서 듣게 될 테니까.

아무 곳이나 주차할 만한 그늘을 찾아 차를 대고 내렸다. 그저 뜨거운 모래일 뿐인데, 아이들은 질리지도 않는지 어제와 같은 성을 쌓고, 어제와 같은 구멍을 파고, 어제와 같은 모래 놀이를 했다. 어제는 육식 공룡과 초식 공룡의 전쟁이었다면, 오늘은 활을 잘 쏘는 용감한 기사와 뜨거운 불을 뿜어대는 사나운 용과의 전투로 내용이 바뀌었을 뿐. '슈우웅! 퐈곽곽!' 아이들 세상에는 오직 의성어와 감탄사만 남아있는 것 같았다.

아이들은 모래 놀이로 시작해서 바닷물에 몸을 담그는 것으로 이내 진도를 뺐다. 아름다운 바다와 모래에 흡수되는 건 아이들의 본능이다. 특별한 어떤 것을 필요로 하지도 않고, 무엇을 하고 놀지 고민할 것도 없었다. 그저 바다와 모래만 있으면 충분했다. 같은 놀이를 하며 다른 소리를 만들어내는 아이들은, 뭐가 그리 즐거운지 땀으로 얼룩진 채로 신나게 웃고 떠들어댔다.

어떤 고민도 없는 편한 웃음으로.

아이들이 그렇게 노는 동안 나는, 시시각각 변하는 아름다운 에메랄드빛 바닷가에 발을 슬쩍 담가보기도 하고 열심히 아이들 모습을 카메라에 담기도 했다. 그리고 나서는 그늘지고 평평한 곳에 돗자리를 깔고 세상 편한 자세로 누워서, 바다와 하늘이 서로 얼굴을 맞대고 있는 광경에 시선을 고정한 채 생각을 풀어놓았다.

누군가는 목소리와 몸동작이 큰 나를 보고 외향적이라고 단정 짓곤 했지만, 나는 남들과 함께 보내는 시간만큼 나 혼자만의 시간이 확보되어야 숨을 쉴 수 있는 사람이다. 다른 이들과 하루를 즐겁게 지냈다면, 그다음 날은 온종일 외출도 하지 않고 집에 있어야만 하는 인간, 일주일 내내 집 밖으로 나가지 않고도 전혀 불만이 없는 그런 종류의 인간.

내가 원하는 것은 정말 단순했다. 내 머릿속 상상이 저절로 멈출 때까

지 누구도 나를 건드리지 않는 것. 완벽한 나만의 시간을 갖고 싶다는 작은 소망은 안타깝게도, 두 아이의 엄마가 되고 나니 상상할 수도 없는 사치이자 꿈같은 시간이 되고 말았다.

그런 나에게 사이판이 완벽한 휴식 시간을 주고 있었다. 물론 지구 상의 모든 아이들은 눈앞에 아무리 훌륭한 장난감이 있어도, 결국 엄마라는 존재를 원한다. 그럼에도 아이들이 모래 놀이에 몰입해서 엄마를 찾지 않는 순간이었고, 무엇보다도 나의 공상을 완벽하게 해주는 청량한 바다와 하늘이 있었다. 그렇기에 나는, 그 순간의 공상에 마음껏 내 생각을 풀어놓으며 앞으로 나아갈 에너지를 끌어모았다.

시간은 계속해서 흘렀다. 시간에 대한 관심은 '1'만큼도 없는 아이들은 그저 눈앞의 모래에만 몰입했다. 선크림을 몽땅 발라주고 선캡으로 중무장시켰지만, 점점 강렬해지는 햇살에 대항하기 힘든 시간이 다가왔다. 얼굴이 점점 붉은색을 띠며 익어갈 때, 아이들도 나도 이젠 놀이를 멈추어야 할 때다.

"얘들아~ 낮잠 자러 가자!"

08

너의 존재를
인정하노라

나는 벌레를 그다지 무서워하지 않는다. 다른 엄마들이 조그만 벌레를 보고 앙칼진 목소리로 꺅! 소리를 질러대도, 나는 겁먹지 않고 화장지 한 장으로 벌레를 꾸욱 눌러 잡아서 어디론가 버리곤 했다. 도마뱀 같은 것은 귀엽기까지 하다. 비명을 질러대기는커녕, 별다른 동요 없이 아이들과 함께 구경하거나 도마뱀이 도망가버린 쪽을 가리키며 아쉬워하기도 하고, 심지어 아이들처럼 손 위에 올려놓고 놀기도 했다. 아이들이 워낙 곤충이나 동물에 관심이 많다 보니 나도 그렇게 변했다. 하지만 바퀴벌레라면 이야기가 완전히 달라진다. 바퀴벌레는 보는 순간 소름이 돋을 정도로 싫다.

그런데 사이판에는 바퀴벌레가 많다.

어느 날 밤, 아이들과 잠시 신선한 공기를 쐬려고 숙소 건물의 계단에 앉아있을 때였다. 어디선가 후드득 소리가 나더니 내 눈앞에서 쉬익 하고 사라졌다. 그 순간 소름이 끼치면서 본능적으로 알아차렸다. 바퀴벌레라는 것을. 소리를 안 지르려고 했는데, 나도 모르게 비명 소리가 새어 나오고 말았다. 엄마의 외마디 비명에 놀라 두 눈을 반짝이며 쳐다보는 아이들. 눈치 빠른 우성이는 무슨 벌레인지 보려고 주변을 살펴보기 시작했다. 아직도 주변에 있을 걸 생각하니 더욱 으스스해져서, 두 팔로 아이들을 휘휘 몰며 계단을 올라가려고 하던 찰나. 이건 또 뭐니! 방금 봤던 놈인지 아닌지 모르겠지만, 커다란 바퀴벌레 한 마리가 바닥에서 꼼지락거리고 있는 거 아닌가!

번식력이 최고이고, 갖은 병균을 퍼뜨리고 다닌다던 정보만 머릿속에서 맴돌았다. 잡지도 피하지도 못한 채 아이들과 덜덜 떨고 있던 중, 마침 숙소 주인아저씨를 마주쳤다. 그가 반갑게 인사하더니 바퀴벌레를 너무나도 자연스럽게 발로 지르밟으며 미소를 지었다. 순간 안도감이 들었다. 아저씨는 놀란 나를 안심시키려는 듯 자상한 표정으로 말했다.

"바퀴벌레는 사이판에서 자주 볼 수 있으니 너무 놀라지 마세요. 그래도 이곳 바퀴벌레는 한국처럼 독하지도, 빠르지도 않고 그렇게 더럽지 않아요. 무서워하지 말고 그냥 잡으면 돼요. 대신에 이곳은 모기가 없으니 얼마나 좋아요?"

아저씨는 웃으며 올라가는데, 내 귀엔 모기가 없다는 사실보다 바퀴벌레가 많다는 것만 귀에 생생히 남아서 울렸다. 벌레라곤 찾아볼 수 없는 한국의 아파트와 같을 거라곤 생각하지 않았지만, 바퀴벌레는 아니잖아! 별 생각 없는 아이들은 아저씨가 밟아놓은 바퀴벌레의 흔적을 찾으려고 애쓰고 있었다.

'어떻게 해야 하나? 괜히 왔나? 지금이라도 떠날까?'

'온 지 얼마 되지도 않았는데….'

거기에까지 생각이 미치니 결론이 금방 났다.

'그래. 이곳의 바퀴벌레는 그냥 개미 같은 거야. 흔하게 볼 수 있는 개미랑 똑같아. 방문을 잘 닫고만 다니면 안으로 들어올 일은 없으니 무서워하지 말자.'

바퀴벌레 때문에 여행을 망칠 순 없으니 내 생각을 바꿀 수밖에. 그렇게 마음을 다잡고 바퀴벌레의 존재를 받아들이게 되었다. 그 후로는 바퀴벌레를 맞닥뜨려도 더 이상 비명을 지르지 않게 되었다. 여전히 초긴장 상태로 그들을 쫓아내긴 하지만 말이다.

문득 생각해본다. 바퀴벌레가 마음만 먹으면(?) 관광객 한두 명쯤은 아주 손쉽게 쫓아낼 수 있지 않을까?라고. 그럼 나는 누구?

그 와중에 살아남은 여행자.

Part 3

아름다운 자연,
그보다 더 아름다운

사람들

"목적지에 닿아야 행복해지는 것이 아니라,
여행하는 과정에서 행복을 느끼는 것이다."

– 앤드류 매튜

01

꼬끼오~
아니, 코코 두들두~

    사이판으로 떠나기 전, 리조트가 아니면 아이들이 금방 싫증 낼 것 같다고, 아이들이 과연 좋아하겠느냐고, 사이판에 도대체 뭐가 있냐고 많이들 물어봤다. 나는 다시 되묻고 싶다. 유명한 곳만 찍고 돌아가는 것은 전형적인 관광객 아니냐고. 화려한 놀이기구가 없어도, 쾌적한 리조트와 값비싼 레스토랑의 식사가 아니어도 사이판을 즐길 수 있다고 말이다. 제대로 된 사이판을 느끼고 싶다면 리조트를 벗어나 보라고 말하고 싶다. 사이판의 진짜 보석은 리조트 밖에 있으니까.

    리조트를 벗어나면 뭐가 있냐고? 글쎄, 뭐가 있을까…. 별다를 것도 없는 바다와 하늘, 하얀 백사장과 진초록 야자수. 과거로 돌아간 듯한 착각을 불러일으키는 오래되고 낡은 건물. 남루하고 촌스러운 옷을 걸친 사람들. 그럼에도 불구하고 사람 좋은 미소를 품고, 아이들만 보면 말을 걸어오고, 길이라도 물으면 여러 명이 우르르 몰려와서 알려주고 또 우르르 사라지는 사이판 사람들…. 그런 모든 것들이 사이판에서의 생활을 즐겁게 했고 한 줄기 여유를 선사했다. 화려하지 않은 사이판은 내 마음속에 자리 잡은 무거움을 내려놓을 수 있게 해주었다.

아이들 또한 하늘과 바다가 구분되지 않는 곳, 찬란한 햇빛으로 넘쳐 나는 이곳을 사랑했다. 어느 때보다도 까맣게 탄 피부를 자랑하며 땀을 삘 삘 흘리며 놀고, 아무런 장난감 없이도 온종일 뛰어다녔다. 나뭇가지 하나 로 칼싸움 놀이도 했다가 지팡이처럼 짚고 다니기도 하고 바닷물을 휘휘 저으며 물의 흐름을 관찰하기도 했다. 손이 델 듯 뜨거운 모래를 하염없이 파내며 놀기도 했고, 바닷가에서 볼 수 있는 조그만 생물들을 잡아서 나뭇 가지 위에 올려놓고 한참씩 눈을 반짝이며 보기도 했다. 어른 눈에는 하찮 아 보여도 아이들에겐 세상 최고의 놀잇감이 사이판에 가득했다.

심심할 틈이라곤 없어 보였다.

그뿐만이 아니다. 새벽 4시 즈음이면 '이 동네에선 내 목소리가 제일 크고 멋있다'고 자랑하는 듯한 수탉들의 '꼬끼오~' 합창이 이어진다. 아니 여긴 미국령이니깐 '코코 두들두~~~!!!' 전자음에 익숙해진 내 귀에 닭 울 음 소리가 들렸을 때는 설마 했다. 내가 지금 뭘 들은 거지? 잠에 취해 눈도 채 뜨지 못하고 한참을 생각했다. 그러다 침대에서 벌떡 일어나서 다시 귀 를 기울여보았다. 아직 주변의 사물이 눈에 들어오지 않는 어슴푸레한 이른 새벽, 낯선 공간에서 낯선 소리가 귓가에 맴돌았다.

'세상에! 닭.울.음.소.리.라.니!!'

한 마리도 아니고 여기저기서 떼로 울려 퍼지는 수탉의 '알람' 소리에 저절로 눈을 떴다. 귀가 따가울 정도로 시끄럽게 새벽 인사를 받을 거라곤 상상도 못 했지만, 그렇게 새벽을 열어주는 닭들의 떼창이 무척이나 좋았다.

'아, 여긴 정말 시골이구나!'

닭들의 요란스런 소리가 잠잠해질 무렵이면, 우리도 닭보다 못할 건 없다는 듯 새소리가 뒤를 이어 들려왔다. 자연의 소리로 아침을 맞이할 수 있다는 것이 얼마나 황홀한가. 어디선가 장작을 태우는 듯한 구수한 냄새가 코끝에 머물고, 그제야 자리를 털고 일어나 창문을 열어보면 어슴푸레한 하늘을 뚫고 해가 떠오르고 있었다.

사이판의 하루는 언제나 이렇게 자연의 소리로 시작되었다.

02

떠나지 않는 자의
용기

남편 없이 아이들만 데리고 다니니 만나는 현지인마다 관심을 보였다. 일단 나의 옷차림이 다른 관광객보다 훨씬 단출하고 초라해 보이기도 하고, 무엇을 하더라도 온갖 여유를 다 부리고 있어서 그랬을 것이다. 게다가 보이는 것은 무엇이든 재미있어하고 웃음이 많은 아이들과 있으니 더더욱.

처음에는 가볍게 눈인사만 했는데, 그들의 간단한 질문에 내가 더듬더듬 열심히 대답했더니 특유의 선한 웃음을 보이며 본격적으로 질문을 늘어놓았다.

"너 여기서 얼마나 머물 거야? 아이들은 이곳에서 뭐 하고 지내? 남편은 어디에 있니? 남편 없이 이렇게 오랫동안 여행하는 것이 가능해? 너희 집 부자야?…"

"한두 달 머물 거야. 아이들과 이곳저곳 구경도 하고 책도 보고 물놀이하면서 보내고 있지. 남편은 한국에서 우리 셋을 위해 열심히 일하고 있어. 남편 없이 여행하는 동안 나도 강해져서 괜찮아. 우리 집이 부자이길 나도 무척 원하고 있지만, 부자는 아니야. 여유 있게 여행하는 건 아니어도 마음만은 부자처럼 생각하면서 매일매일 지내고 있어."

그들의 질문에 하나하나 자세하게 대답해주면 그 대답이 또 재미있는지 질문을 이어갔다.

"아이들 데리고 한 달이나 여행하면 힘들지 않아? 아이들도 어리잖아. 그리고 둘째는 아직 많이 어려 보이는데? 아이들이 엄마를 힘들게 하지 않아?"

"아니? 아이들과 함께 있어서 오히려 지루하지 않고 좋은데? 아직 어리지만 가끔은 아이들이 나를 보호해줄 때도 있어. 게다가 이 작은 아기는 아주 용감해서 이곳에서의 생활을 제일 즐기고 있어. 아이들이 나를 힘들게 하는 것보다는 아마도 엄마 때문에 아이들이 힘들 수도 있을걸?"

이렇게 대답하며 윙크까지 날려주면 현지인들은 뭐가 그리 재미있는지 눈을 동그랗게 뜨고 바라보다 박장대소를 터트리곤 했다.

아마도 내 말이 농담처럼 들렸을 수도 있겠다.

많은 관광객이 밀물처럼 몰려왔다가 썰물처럼 몰려나가는 사이판. 그들은 자신들의 터전에 잠시 머물다 떠나는 사람들을 바라보며 살아간다. 햇살을 피하는 잠깐의 휴식에도 고마워하며 거제도보다 작은 섬에서 한평생을. 그럼에도 그들은 무엇인가를 새롭게 갈망하지도, 많은 변화를 요구하지도 않는다. 단지 가족들이 건강하게 지낼 수 있기를, 간간이 불어닥치는 태풍이 큰 피해를 남기지 않기를, 물가가 너무 많이 오르지 않기를 바라며 하루하루 소박하게 지내고 있다.

모든 것을 빨리 해치우려는 습성에 젖은 우리 눈에는 그들이 한없이 게으르고 느리게 보일지도 모른다. 하지만 쉼 없이 어디론가 떠나고, 또 새로운 것을 보고 느껴야만 사람이 현명해지는 걸까? 행복한 걸까?

내가 만나고 이야기했던 그들 대부분은 넉넉하지 않아도 먹거리를 나누는 것에 인색하지 않았고, 초라한 옷차림을 부끄러워하지 않았다. 눈이 마주치면 하얀 치아를 살짝 드러내며 수줍은 미소를 지었고, 우리 아이들을 만나면 때 묻은 손을 수줍게 옷에 문질러 닦고는 꼬옥 안아주었다. 장이 열리는 날이면 엄청나게 화려한 쇼가 없어도 소박한 전통댄스를 구경하며 왁자지껄 웃고 즐거워했다.

이렇게 초라하리만치 소박한 환경 속에서도 웃으며 살아가는 그들. 어쩌면 항상 어딘가로 떠나려 하는 우리보다, 한곳을 지키며 올곧이 자신의 것에만 집중하며 살아가는 그들이 더 용기 있는 자일지도 모르겠다. 더 현명하고, 더 행복할지도 모르겠다.

아름다운 이곳에서 내가 철이 들고 있나 보다.

03

아…,
엄마들이란

사이판은 아주 작은 섬이다 보니 망고나 코코넛, 바나나 같은 몇몇 열
대과일을 뺀 나머지 과일이나 농작물은 거의 수입에 의존하고 있다. 이 때
문에, 생각보다 물가도 비싸고 마트에서 파는 농산물이 그다지 신선하지 않
다.

무더운 날씨에 지친 아이들에게 신선한 과일을 사 먹일까 하고 숙소
근처 마트를 순례했지만, 역시나 한국에서처럼 빛깔 곱고 신선하고 단내가
풍기는 과일을 보기가 힘들었다. 그나마 괜찮아 보이는 과일 몇 가지를 골
라서 나왔다.

마트 밖 거리에 좌판을 벌여놓은 상인들이 보였다. 뜨거운 햇살을 피
해 건물 근처에 빛바랜 파라솔을 펴놓고 앉아서, 과일을 조금이라도 더 먹
음직스러워 보이게 하려는 듯 마른 헝겊으로 닦고 또 닦으며 손님들이 오
기를 기다리고 있었다.

그냥 지나갈까 하다가, 나이 든 아주머니가 장사하는 곳으로 아이들 손을 잡고 천천히 발길을 옮겼다. 아이들이 좌판에 놓인 과일에 대해 이것저것 물어보는 통에, 더위에 지친 그녀를 더욱 지치게 할까 봐 마음이 쓰였다. 과일은 뜨거운 햇살을 받아서 여지없이 시들시들한데, 피곤해 보이는 그녀의 모습에 그냥 자리를 뜰 수 없었다.

바나나와 처음 보는 과일들을 가리키며 가격을 물어봤다. 안으로 스며드는 듯한 그녀 특유의 목소리 톤 때문인지, 아니면 특이한 악센트 때문인지 잘 알아들을 수 없었다. 엄마가 못 알아들으니 우성이가 나섰다. 이해하기 쉬운 말만 알아듣는 '막귀'를 가진 엄마와, 숫기가 지나치게 없어서 계속 속삭이며 말하는 그녀 사이에서 통역에 나섰던 것이다. 아이들이 먹고 싶어 하는 과일을 골라서 서로 흡족한 가격으로 흥정을 하고, 그녀가 검정 비닐봉지에 조심조심 과일을 담는 모습을 찬찬히 지켜봤다.

강렬한 햇살에 자주 노출되어 주름이 굵게 지고 피부색이 칙칙해져서 그렇지, 생각보다 나이가 많아 보이지는 않았다. 내 시선을 눈치챘는지 그녀가 예의 수줍은 미소를 지었다. 잠시 고민하다가 짧게 질문했다.

"Do you have children?"

"Yes. I have two."

대답하는 그녀의 목소리가 이제까지와는 달리 또렷하게 들려왔다. 같은 여자라서일까? 아이를 낳고, 키우고 있는 엄마라서일까? 아이가 있냐는 질문을 받은 후 그녀의 표정이 훨씬 더 풍부해지면서, 질문을 더 하지 않았는데도 아이들에 대해 말하기 시작했다.

열다섯 살, 열세 살 남자 형제들이고, 가끔 엄마를 도우러 나오니 한

번쯤은 볼 수도 있을 거란다. 그녀의 눈빛에서 자식에 대한 자랑스러움과 뿌듯함이 뿜어져 나왔다. 조금 전까지 나이 들고 생기 없어 보이던 그녀는 어디로 간 걸까? 가격조차 제대로 들리지 않게 속삭이던 그녀는 어디로 간 걸까? 내 앞에는 자식 생각에 목소리가 밝아지고 아이들을 그리고 있는 듯 눈에서 생기를 내뿜고 있는 한 엄마가 있었다.

아…, 엄마들이란…, 자식이 뭐라고….

생살을 찢는 고통으로 아이를 낳은 경험이 뭐라고….

그녀는 어쩌면 내가 생각하는 것보다 힘들지 않을지도 모르겠다. 과일을 팔러 뜨거운 거리로 나와야 하는 곤궁한 형편일지언정, 그녀에게는 두 명의 아이들이 있지 않은가. 얼굴에 빛이 나게 하고 목소리에 힘이 들어가게 하는 아이들이 그녀가 살아가는 이유일 터이니. 그것만으로도 그녀는 쉽게 쓰러지지 않는 강단이 있을 것이다.

그녀의 마음이 나에게로 와 닿는 순간, 지갑 한쪽에 자리 잡고 있는 꼬깃꼬깃한 쌈짓돈이 더 나가도 좋다고 생각했다. 나의 쌈짓돈이 집에서 엄마를 기다리고 있는 그녀의 아이들에게 맛있는 음식이 된다면, 좀 더 쓰는 것이 대수겠는가. 나의 충동적 과일 사재기는 우리 아이들에게도 물론 좋을 테고 말이다. 그런 생각으로 과일 몇 개를 더 골라 담았다.

그녀의 얼굴에 함박꽃이 피었다.

04

그녀의 낯선
콧수염

사이판은 하루가 참 길다. 이른 아침부터 늦은 오후까지 내내 내리쬐는 뜨거운 햇살 때문에, 낮이 길어도 너무 많이 길다. 여느 때처럼 더운 날씨에 어디로 갈까 고민했다.

'관공서에 가서 시원한 에어컨 바람도 쐬고, 한눈에 딱 보기 좋은 지도를 한 장 구해와야겠다.'

아이들과 차를 몰고 나섰는데, 숙소에서 2분 거리라 차에 타자마자 바로 내렸다. 건물 안으로 들어가자 차가운 냉기를 팍팍 뿌려주는 에어컨 바람이 그새 얼굴이 달궈진 우리를 시원하게 맞이하며 열기를 가라앉혔다. 잠시 열을 식힌 후 한 바퀴 둘러보다가 인포메이션 데스크에 앉아있는 가무잡잡한 피부의 한 여직원과 눈이 마주쳤다.

"하파다이~ 하파다이"

"굿모닝, 하파다이"

그녀의 상냥한 인사에 나도 생글생글 웃으며 인사하고, 지도가 모여 있는 곳을 가리키며 지도 몇 장을 가져가도 되는지 물었다. 필요한 만큼 얼마든지 가져가란다. 고마움을 표시하고 아이들에게도 인사를 시키니 다들 정답게 받아주며 한마디씩 장난스러운 말을 던졌다.

그러더니 아직 아기 티가 흐르는 승희를 서로 안아보겠다고 다가왔다. 승희를 보면 누구나 할 것 없이 한 번씩은 미소로 인사하고 많은 친절을 베풀어준다. 매번 그랬듯 지도 한 장을 구하러 온 관공서에서도 사이판 사람들이 얼마나 심성 좋고 친절한지를 느꼈다.

가볼 만한 곳을 추천받고, 수다도 떨고, 차까지 한 잔 얻어 마신 후 나가려는데, 승희가 아직도 여직원들의 품에서 재롱을 떨며 사랑을 독차지하고 있었다. 마지막까지 뭐가 그리도 서운한지 계속 돌아가며 작별인사를 하고 또 했다.

그들의 이런 다정함, 그냥 좋다. 따스하다.

밖으로 나오자마자 숨이 턱턱 막히는 더위가 우릴 기다리고 있었다. 카시트에 아이들을 차례로 앉히고 추천받은 해변으로 출발하려는 순간, 사무실 문이 덜컹 열리더니 좀 전까지 승희를 귀여워 해주던 한 여직원이 급하게 뛰어나왔다.

키가 작고 살집이 적당히 붙어있는 전형적인 원주민 체형의 그녀는 살가운 미소와 어울리지 않게 콧수염이 있었다. 처음 사무실에서 마주쳤을 때 생각했다. 웬 콧수염이지? 지저분하거나 보기 흉한 건 아니지만, 솜털이라기엔 지나치게 자라있어서 언뜻 보면 콧수염 같았다. 한국에서라면 여성

용 면도기로 정리하고 화장으로 어떻게든 감추거나 병원에서 시술했을 법한 그녀의 콧수염. 하지만 그녀는 눈 화장은 곱게 할지언정 콧수염 정리는 하지 않기로 마음을 먹었나 보다.

솜털 따위가 그녀의 매력을 깎아내릴 수 없다고 판단했을지도.

어쨌거나 처음에는 그렇게 눈에 거슬리던 그녀의 콧수염이 어느새 보이지 않고, 그녀가 환하게 웃을 때 새하얗게 빛나는 치아가 눈에 더 들어왔다. 관공서에 머물던 불과 몇 분 사이에. 이상하다. 도드라지던 한 부분이 어느 순간 눈에서 사라지다니. 아마도 그녀의 자신감 때문이었을 것이다.

그녀는 예의 콧수염 달린 미소를 환하게 보이며 우릴 불러 세웠다. 그녀의 부름에 급히 차를 멈추자, 그녀가 창문으로 무슨 종이를 내밀었다. 사이판에 있는 갤러리아 명품관에서 여행객들을 위한 이벤트를 하고 있는데, 쿠폰을 보여주면 기념품으로 아이들 가방을 공짜로 준다나. 승희가 좋아할 것 같다고, 황급히 찾아서 땡볕 아래까지 뛰어나왔던 것이다. 그녀의 콧잔등엔 이미 땀방울이 송골송골 맺혀있었다.

아, 이건 뭐지? 지도가 필요해서 찾아간 것이고, 잠시 간단한 대화만 나눴을 뿐인데…. 고맙고 또 고마웠다. 나는 "Thank you"만 연신 내뱉으며 제일 흔한 감사의 말로 마음을 전할 수밖에 없었다. 아이들과 그녀는 끝없이 손을 흔들고 손 키스를 날리며 아쉬운 작별을 하고, 그녀의 모습은 사이드미러에서 점점 더 작아졌다.

거의 모든 순간이 이랬다. 만남은 아주 짧은 순간이었지만, 헤어짐은 차마 발걸음이 떨어지지 않아 길고 오랫동안 이루어졌다. 나는 그들에게 관광객으로서 접근했지만, 짧은 순간에도 그들은 나를 생활의 일부분으로 친숙히 받아들였다. 그냥 가볍게 스쳐 지나갈 수 있는 만남에도 그들은 친절했고 마음을 주었다.

나는 박꽃이 활짝 피어나는 듯한 수수한 행복을 느꼈다.

그 여직원이 전해준 쿠폰으로 가방은 받았을까? 물론이다. 그날 밤 우리는 갤러리아에서 판다 얼굴이 크게 박혀있는 가방을 받았다. 승희는 콧수염 난 그녀의 말대로 받는 순간부터 가방을 마음에 들어 했고, 하물며 잘 때도 품에 꼬옥 껴안고 잠이 들었다.

우리 아기에게 이보다 더 좋은 선물이 어디 있을까.

05

한국의
그녀들 생각

한낮의 더위가 한풀 꺾인 해 질 무렵이면 저녁을 먹고 여유롭게 산책을 나가곤 했다. 그것도 심심할 것 같으면 가라판으로 가서 시내 구경을 하며 시간을 보냈다. 아이들과 밤마실을 하는 재미는 한국에선 상상도 못 할 일이다. 시내라고 해봐야 얼마 크지 않지만, 그래도 사이판 최고의 번화가라 밤늦게까지도 사람들이 많고 사이판 다른 곳에서는 보기 힘든 활기를 느낄 수 있다. 사람이 그렇게 많은데도 별다른 사건·사고가 없어서 마음 편히 아이들과 다닐 수 있는 곳이기도 하다.

사람 구경도, 물건 구경도 좋지만, 그중 가장 좋은 것은 'I Love Saipan' 가게 앞에서 열리는 전통 공연이었다. 전통 의상을 입은 댄서들이 시종일관 환한 미소를 지으며 사이판 전통춤을 추는 모습은 언제 봐도 즐거웠다.

여러 번 오다 보니 댄서들의 얼굴도 대충 익히고, 그곳에서 자주 만나는 현지인들과도 같이 박수를 치고 즐기면서 눈인사를 나누게 되었다. 안 보이는 사람이 있으면 '오늘은 공연 보러 안 오나?' 궁금해하기도 하고, 눈이라도 우연히 마주치면 예전부터 알고 지낸 친구처럼 짧은 대화를 나누었다. 별다른 이야기는 아니었다.

'저녁은 먹었니? 아이들이 기분 좋아 보인다. 우리 애들은 오늘 바닷가에서 놀았다.'

이런 가벼운 인사만 나누는 사이지만, 그들도 나처럼 저녁을 뭘 하며 보낼까 고민하다가 나온 것 같아서 마냥 반가웠다. 공연 보던 아이들이 사람들에 밀려 순간 넘어지기라 하면 내가 일으켜 세워주고, 우리 아이들이 중심 잃고 휘청거려도 넉넉한 살집의 그녀들이 미소 지으며 재빨리 어깨를 잡아주었다.

자라온 환경도, 나이도, 모든 게 다르지만, 헐렁한 반바지와 그보다 더 헐렁한 티셔츠 하나를 교복처럼 입고 그 속에 두툼한 뱃살을 감춘 채 같은 공연을 보며 환호하는 평범한 '아지매'이자 엄마이기에, 우리는 쉽게 친구가 될 수 있었다.

아이들 교육에 대해 진지하게 대화하고, 드라마 남자 주인공을 놓고 수다 떨 상대가 없어서 그랬는지는 모르겠다. 하지만 굳이 오랜 시간을 함께하거나 많은 것을 공유하지 않아도 친구가 될 수 있다는 것을 분명히 알게 되었다. 마음을 나눌 수 있다는 것을 말이다.

'많이'나 '오래'라는 단서는 겁 많은 이들이 만들어낸 방패가 아닐까.

결혼하기 전 아니 출산하기 전까지, 육아의 고단함을 먼지 한 톨만큼도 눈치채지 못했던 무지한 시절의 나는, 소위 '아줌마'들이 누가 더 칙칙하게 보이는지 자랑이라도 하는 것처럼 피곤해 보이는 얼굴과 비슷비슷한 옷차림을 하고 모여있는 모습이 그다지 좋아 보이지 않았다. 화장기 없는 얼굴에 머리 대충 하고 모여서 커피 한 잔을 함께 마시며 수다를 떠는 것이 육아에 지친 엄마들에게 소소한 기쁨이 될 줄은 몰랐다. 온종일 일해도 표도 안 나는 집안일을 한 템포 쉬어가는 깨알 같은 휴식이라고는 생각도 못 했다.

더군다나 내가 그런 '아줌마' 군단으로 들어가리라고는.

좀 더 솔직히 말해볼까? 다른 이들은 어떻든 간에, 나는 결혼하고 아이를 낳아도 항상 화사한 얼굴에 정갈한 차림으로 다닐 줄 알았다. 그런데 막상 아이를 갖자마자 깨달았다. 여간 부지런하지 않으면 유지하기 힘들다는 것을, 그렇게 사는 데에는 엄청난 에너지가 필요하다는 것을 말이다.

아이들이 자라며 아이 친구의 엄마들이 곧 나의 친구가 되었고, 나도 그런 아줌마 무리가 되었다. 자식들이 친구라는 이유 하나로 끝도 안 보이는 높고 기다란 육아의 벽을 이리저리 서로 의지도 하면서, 친구가 되고 동지가 되고 고민도 함께 나누는 끈끈한 사이가 되었던 것이다.

그녀들도 육아 전선에 뛰어들기 전에는 다들 열정적이고, 화려했으며, 아름답고, 꿈이 있었다. 그들도 나와 비슷한 생각을 하며 미래의 자신을 그리고 있었을 테지만, 나처럼 그냥 그렇게 육아와 살림에 지친 채로 살아가고 있었다. 소싯적에 그렇게 아름답고 생기발랄하고 재치가 넘치던 그녀들과의 수다에서 서로의 숨겨진 모습을 발견하기도 했고, 소박하기만 한 나의 하루가 조금은 덜 초라해 보이는 것 같았다.

마음이 덜 서걱거리는 듯한 위로를 받았다.

사이판에 있으니 그녀들 생각이 난다. 여전히 맡은 자리에서 야무지게 자신의 일들을 해내고 있을 나의 그녀들. 수수한 모습의 그녀들이지만 나는 알고 있다. 그 수수함 속에 얼마나 강한 책임감과 명민함으로 가정을 꾸리고 있는지를 말이다. 그녀들에게 이 바다를 보여주고 싶다. 눈이 시리도록 아름다운 바다를 보며 각자가 좋아하는 취향의 커피와 차를 마시며 여느 때처럼 소소한 일상을 이야기하고 싶다.

　　언제나처럼 시간이 가는 줄도 모르게, 그렇게 말이지.

06

소년은 순수했고,
나는 소심했다

일주일에 두세 번은 가라판 시내에서 공연을 보다 보니, 처음에는 댄서들이 다들 비슷해 보이다가 차츰 각자 다른 매력이 눈에 들어왔다. 나이가 꽤 들어 보이는 살집 많은 여인도 있고, 뼈대만 앙상하게 남은 여인도 있고, 여유로운 생김새만큼이나 넉넉한 춤사위를 보이는 여인도 있고, 누가 봐도 반짝반짝 빛나는 외모의 여인도 있었다. 우리나라의 공연처럼 외모에 어떤 평균치가 없이 자신의 매력을 한껏 발산했다.

남자 댄서들은 힘이 확실히 느껴지는 춤사위를 보여주고, 가끔 불꽃쇼를 하기도 하며 여자들과는 또 다른 재미를 주었다.

평소와 달리 소년 댄서들이 나와서 공연을 했던 날이었다. 그중에 우성이 또래의 한 아이가 유난히 눈에 들어왔다. 다른 멤버들에 비해 유난히 자그마한 그 아이가 왠지 아들 같은 마음에 시선을 떼지 못하고 지켜봤는데 열정적인 춤사위가 보통이 아니었다. 공연 후 관람객들에게 인사를 할 때, 다들 나와 같은 마음이었는지 그 꼬마에게 더욱 열심히 박수를 치며 환호했다.

내 앞을 지나가는 아이에게 재빨리 인사를 하고 나이를 물어보았더니, 아홉 살이라고 웃으며 대답했다. 나이를 듣고 나니 마음이 더 아렸다. 우성이보다 이제 겨우 한두 살 많은 아이가 사람들 앞에서 춤을 추며 돈을 벌고 있다는 것이 마음에 쓰였다. 아이가 자신을 자랑스러워할 수도 있고, 나중에 전문 댄서가 되고 싶을 수도 있는데, 속사정도 모르면서 마음이 안 좋았다.

아마도 한국식 사고에 젖어있는 나의 좁은 시야 탓이리라.

하지만 이미 마음이 찡하게 아픈 나는 아이에게 다가가 지갑에서 몇 달러를 주섬주섬 꺼내주며 멋진 공연이었다고, 정말 잘 보았다고 기어이 인사를 했다. 아이의 비하인드 스토리는 굳이 몰라도 된다는 생각을 하며.

아이는 얼굴 가득 미소를 짓더니 두 팔을 번쩍 올리고 다른 아이들에게 자랑하듯 큰 목소리로 "Thank you!"를 연발했다.

저렇게 좋을까? 아이가 좋아하는 모습에 안도하면서도, 좀 전까지 아이의 스토리 따윈 궁금하지 않다던 생각이 어느새 바뀌며 별의별 생각이 동시에 스치고 지나갔다.

'내가 주는 이 돈이 아이에게 안 좋은 영향을 미치는 건 아닐까? 혹시라도 공돈을 바라는 아이로 자라면 어떻게 하지? 그럼 내가 아이를 그렇게 만든 건데, 어쩌지? 내가 돈을 주는 이유를 알려줘야 하는 걸까? 어떻게 해야 할까?'

아이의 어깨를 살짝 콕 찔러서 다시 돌아보게 하니 얼굴엔 여전히 기쁨으로 가득 차있었다. 밤톨처럼 귀여운 얼굴과 까만 눈동자를 들여다보며 이야기를 시작했다.

"네가 열심히 하는 모습이 참 보기 좋아서, 이 돈을 주는 거야. 내 아들이랑도 얼굴이 어딘가 닮아 보여서 네가 참 좋아. 너와의 시간을 우리가 기억할 수 있도록 사진 한 장 같이 찍어도 될까?"

꼬마가 내 말을 눈치챘는지 어쨌는지는 알 수 없지만, 흔쾌히 같이 사진을 찍고 유쾌한 모습을 보이며 무대 뒤로 사라졌다.

그런데 돈을 주었을 때의 호기로움은 어디로 가고, 나에겐 찝찝함만 남아있었다. 아이의 춤을 진심으로 즐겼고, 좋은 춤을 보여준 아이에게 현실적인 보답을 한 것뿐이라고 왜 간단히 생각하지 못했을까? 나는 적은 돈마저도 순수하게 전달하지 못하는 소심쟁이다. 어쩌면 나는, 행여나 생길지 모르는 나쁜 영향은 티끌만큼도 내 탓이 아니라고 어떻게든 항변하고 싶었던 이기적인 관광객이었을지도 모르겠다.

다음에 다시 만난다면 손바닥이 얼얼할 정도로 더 열정적으로 응원하고 또다시 몇 달러를 줄 것이다. 이번엔 당당히. 그리고 꼭 이렇게 말할 것이다.

"너는 멋진 댄서고, 앞으로도 많은 사람들에게 기쁨을 줄 거야."

07

야시장,
그리고 미스 마리아나

스트리트 마켓이 열리는 목요일은 사이판 현지인도 여행객도 모두 흥이 나는 때이다. 평소에는 일주일에 단 한 번만 열리지만, 마침 사이판 독립 70주년 페스티벌 기간이라 매일 장이 열렸다. 여행지의 생생한 문화를 느껴보려면 시장에 가봐야 하고, 그중에서도 야시장 아닐까?

어찌 보면 장날 풍경은 매우 단순하고 조금은 촌스럽기까지 했다. 말 그대로 시골 장터에 온 느낌이었다. 옹기종기 모여있는 현지인들은 다들 비슷한 행색을 하고 있었다. 여자들은 부스스해 보이는 긴 머리를 그냥 풀고 있거나 하나로 질끈 묶고, 청바지나 반바지에 티셔츠 한 장을 걸친 경우가 대부분이었다. 남자들은 더 단순했다. 러닝셔츠처럼 보이는 민소매 하얀 티셔츠에 헐렁한 반바지 차림. 쪼가리 티셔츠마저 과감히 벗은 채 다니는 배 불뚝이 아저씨들도 간간이 보였다.

엄마를 따라 나온 꼬맹이들부터 한참 이성에 눈떠서 수줍은 듯 몰려다니는 청소년들, 벤치에서 도시락을 까먹으며 뭐가 그리도 즐거운지 신나게 수다를 떠는 아가씨들, 아무리 더워도 딱 붙어 앉아서 절대로 떨어지지 않는 연인들까지, 다양한 듯해도 내가 보기엔 어딘지 모르게 그만그만해 보였다.

공연도 마찬가지로 항상 비슷했다. 현지인 댄서들의 공연도 있고, 전국 노래자랑처럼 일반인들이 노래 경연을 하기도 했다. 노래자랑에 나온 사람들의 연령대는 꼬마부터 할아버지 할머니까지 다양한데, 그게 또 그렇게 재미있을 수가 없었다. 실력이 뛰어나서가 아니었다. 못해도, 못해도 이렇게 못할 수가 있나 싶은 그런 사람들이 나오는데, 다들 어찌나 진지하고 열정적인지. 그 언밸런스함 때문에 보는 관객들은 절로 흥겨워지고 박수가 나왔다. 나는 물론이고, 아이들마저 뭔가 헐렁해 보이는 느낌 때문인지 즐거워했다.

공연이 지루해질 때면 천막 아래에서 파는 온갖 알록달록한 장난감을 구경하고, 운 좋으면 장난감을 한동안 가지고 노는 행운을 잡기도 했다.

신나는 분위기를 더욱 돋우는 것은 단연코 먹거리였다. 가격도 저렴하고 맛도 좋은 꼬치 요리부터 바비큐, 사이판 전통 떡, 갖가지 채소와 열대과일까지…. 동남아 음식도 맛볼 수 있고 무엇보다도 김밥, 김치, 족발 등 다양한 한국 먹거리도 즐길 수 있었다. 마켓 중간중간에 있는 아무 벤치에나 자리 잡고 앉아서 현지인들의 공연과 신나는 음악을 즐기며 먹었다.

이런 소탈한 시간을 어찌 사랑하지 않을 수 있을까.

여느 날처럼 장에 도착하자마자 일단 먹고 싶은 고기 꼬치를 취향대로 골랐다. 한국에서라면 아이들에게 도통 사줄 리 없는 길거리 음식이지만, 이곳은 우리가 즐기러 온 것 아닌가. 남녀노소 할 것 없이 하나씩 들고 있는 꼬치를 우리도 하나씩 손에 들었다. 가격도 저렴하고 맛도 좋은 데다가, 자극적인 색과 달리 순한 맛이라 승희도 잘 먹었다.

알록달록한 불빛 아래에서 맛있게 꼬치를 먹고 있는데, 무대 위의 사회자가 누군가를 소개했다. 환영하는 음악이 흘러나오고, 이어서 화려한 아가씨가 나와 인사했다. 이번에 새로 뽑힌 미스 '마리아나Mariana*'란다. 아름다운 아가씨의 인사말에 장터 사람들이 환호했다. 나와 아이들도 물론이다. 어느 나라에서든, 누구로부터든 미인은 우대받는다.

그런데 이곳의 미녀는 한국의 기준과는 많이 다른 듯했다. 한국은 일단 무조건 날씬하고 예뻐야 한다. 예쁘다는 것도 뭐랄까, 모범답안같이 틀에 박힌 미인들을 뽑는다. 이곳은 그렇게 종잇장처럼 얇은 몸매를 뽐내는 인위적인 미인이 아니라, 더 건강해 보이고 밝은 에너지를 가진 사람을 뽑는 것 같았다. 환한 웃음과 적당히 살집을 가진 건강한 몸매가 보는 사람까지 덩달아 건강하게 하는 기분이었다.

조금은 경망스럽다 싶을 정도로 시끌벅적하게 그녀를 맞이했고, 그 에너지가 금세 주변으로 전파되면서 웃음꽃이 활짝 폈다. 신기했다. 이보다 더한 공연과 무대를 봐왔어도 이런 분위기는 처음이었다.

그렇게 전염병처럼 웃음이 번지는 사이, 어두운 불빛 아래 숨어있던

---

* 태평양 북서부 미크로네시아에 자리한 화산섬들로, 괌, 사이판 등이 마리아나에 속한다.

사나운 날벌레가 내 다리를 물어서 팅팅 불어터지게 했고, 이름도 알 수 없는 곤충들이 떼를 지어 날아와서 가끔씩 식겁하게도 했지만, 어쩌랴. 벌레들도 그 시간을 함께하고 싶어하는 것을. 그렇게라도 존재감을 드러내고 싶은 거겠지.

끈적하고 후덥지근한 즐거움이 번지는 그곳에서는 말이다.

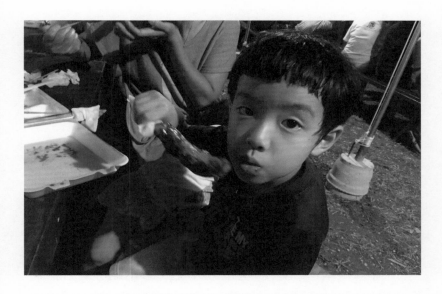

08

자연을 즐기기 위해
자연을 파괴하는 아이러니

언제부터인가 쓰레기를 버리는 것이 부담스러워졌다. 지저분하거나 무겁거나 귀찮거나, 그런 이유는 아니다. 필요하지도 않은 것을 사거나 혹은 필요한 것보다 더 많이 사서 결국 버리게 될 때, 제 역할을 다하지 못한 채 버려지는 물건들에게 미안함 같은 감정이 생긴 것이다. 조금 이상하게 들릴 수도 있겠지만, 예를 들면 이렇다. 양파를 제대로 보관하지 못해서 몇 개를 버리게 된다면, 양파에 한없이 미안한 마음이 든다. 이 양파도 분명 본연의 역할을 하기 위해서 세상에 나왔을 터인데 나의 부주의 때문에 쓰레기로 전락하게 했다는 죄책감. 음식물 쓰레기에 유독 그런 마음이 커서 되도록 버리지 않으려고 노력하는 편이다.

그렇게 나름 신경을 쓴다고 하는데도 익숙지 않은 외국 생활에 며칠 되지 않았는데도 쓰레기가 한가득 나왔다. 아이들이 놀면서 만들어낸 종이 부스러기나 음식물 쓰레기 같은 것들이다. 숙소에서 잔일을 하는 직원에게 쓰레기를 어디에 버리는지 물어보니 숙소 앞 'Art Man'이라고 쓰인 커다란 쓰레기통에 버리면 된단다. 음식물은 어디에 버리는지 묻자 그것도 같은 통에 버리는 거란다.

'응? 여기는 분리수거를 안 하는 건가?'

혹시 내가 제대로 이해하지 못했을까 봐 다시 숙소 사장님에게 물어보니 사이판은 쓰레기 분리수거를 하지 않는다고 했다. 그래서 음식물이든 재활용이든 따로 구분하지 않고 한 번에 그냥 다 버리면 된다고. 분리수거를 안 한다는 말에 내 마음이 괜히 찝찝하고 불안했다. 버리는 입장에서야 따로따로 분리를 안 해도 되니 편리하지만, 그 많은 쓰레기가 이렇게 작은 섬에서 어떻게 처리될까를 생각하면 마음이 편치 않았다.

달리 발달한 산업도 없이 자연의 아름다움을 팔며 살아가는 사이판. 이 작은 섬에 수많은 관광객이 밀려왔다가 떠나면 정확히 그만큼의 쓰레기가 넘쳐난다. 이곳 사람들은 자연이 벌어다 주는 돈에 만족하고 있을 뿐, 언젠가 자연이 파괴될 수 있다고 생각하지 않는 듯하다. 사이판 명소마다 관광객들이 버리고 간 쓰레기가 산더미처럼 쌓여서 그나마 있는 휴지통은 무용지물이 되고 만다. 버리는 이는 지나치게 많고, 줍는 이는 지나치게 적은 사이판에서 쓰레기는 너무도 쉽게, 너무도 많이 남겨진다.

자연을 즐기기 위해 자연을 파괴하는 아이러니가 계속되고 있다.

이런 문제는 비단 사이판만의 문제는 아니다. 사는 집은 하루가 멀다고 쓸고 닦으면서, 왜 인간들의 진정한 집인 자연은 함부로 대하는 것일까.

칸칸이 모여 사는 좁은 공간을 깨끗이 한답시고 화학제품을 쓰며 박박 닦아내면서 우리는 또 얼마나 많은 쓰레기를 내놓는 걸까. 이렇게 나온 어마어마한 쓰레기는 어디로 가든지 상관이 없는 것인가? 그것들이 결국은 우리의 진정한 터전을 더럽히고 망가뜨리고 있는데도?

우리들의 집은 어디인지, 마음껏 숨 쉬고 마시고 먹을 수 있는 안전한 공간을 원하면서, 정작 그것들을 야금야금 부수고 파괴하는 이는 누구인지도 생각해볼 때다. 단언컨대 그 누구도 '나는 절대 그러지 않는다'고 당당히 말할 수 있는 이는 없을 것이다.

그저 덜 버리고, 필요한 만큼 소비하고, 적당히 욕심부리기를 소망해본다.

넘치는 쓰레기더미 앞에서.

09

사람이나
짐승이나

우리는 한여름 7월에 이곳 사이판에 왔다. 하루 24시간 중에서 새벽 4~5시나 되어야 열기가 식어서 약간 선선할 정도이고, 나머지는 내내 더웠다. 그러니 한낮은 오죽하겠는가. 더웠다. 그냥 더운 정도가 아니라 피부가 타들어 갈 것처럼 뜨겁고 후덥지근했다. 이렇게 뜨거운 한낮엔 무언가를 하기보다는 잠시 그늘에서 쉬거나 아예 숙소에서 에어컨 바람을 쐬고 있는 편이 나았다.

그렇게 쉬다가 햇살이 한풀 꺾인 늦은 오후 무렵에 바닷가로 나가면, 현지 아이들도 한두 명씩 슬리퍼를 직직 끌며 나오기 시작했다. 승희 같은 꼬맹이부터 제법 어른티가 나는 10대 아이들까지 다양한 나이의 아이들이 미끄럼틀 하나를 두고 노는대도, 누구 하나 특별히 요란스럽지도 튀지도 않고 생글거리며 잘 놀았다.

서로에게 스며들어 놀면 그만인 것이다.

여느 때와 같이 늦은 오후에 산책을 나섰는데 동네 꼬마들이 강아지를 구경하고 있었다. 태어난 지 얼마 안 된 강아지였다. 우리 아이들은 언제나처럼 그 틈에 자연스럽게 끼어들었다. 올해 열여섯 살이라는 강아지 주인 소녀는 친절한 목소리로 여섯 마리의 새끼강아지들이 서로 어떻게 다르고 어떤 특징이 있는지 자세히 설명하고 있었다.

언제 어디서나 동물에 관한 것은 무엇이든 좋아하는 우성이에게, 그날은 아마도 강아지가 호기심의 대상이 된 날이었나 보다. 한국에선 지저분하다며 만져 볼 일 없었을 어미 개(한국식으로 하면 동네 똥개 '누렁이' 정도?)와 강아지들을 귀여워하며 동네 아이들과 줄줄이 친구가 되었다.

그 모습을 지켜보다가 갑자기 눈시울이 붉어졌다. 새끼강아지들이 어미의 앙상한 가슴팍에 줄줄이 매달려 젖을 물고 있는 모습이 측은했다.

가슴 한쪽이 저릿저릿 아파왔다. 낯설지 않은 감정이었다.

승희가 태어나고 백일이 조금 넘어 친정집에 갔을 때의 일이다. 친정 엄마는 지인분이 소를 키운다며, 소를 가까이서 볼 수 있으니 가보자고 하셨다. 둘째가 태어나고부터 아무래도 우성이에게 소홀해져서 미안했는데, 우성이가 좋아할 것 같아 따라나섰다. 예상대로 우성이는 소를 자세히 관찰하고 울음소리도 흉내 내며 무척이나 즐거워했다.

나도 승희를 품에 안고 뒤따라가며 구경하고 있었다. 꽤 많은 소가 축사 안에 있었는데 그중 한 마리가 지치고 힘들어 보이는 눈망울로 나를 바라보고 있었다. 새끼를 낳은 지 며칠 안 된 암소였다. 어미 곁에서 바쁘게 입을 오물거리며 사료를 먹는 송아지의 모습이 그제야 보였다. 승희를 낳은

지 얼마 안 돼서였을까? 서있을 기운도 없고, 다른 소들을 비집고 사료 먹을 힘도 없이 큰 눈만 껌뻑거리고 있던 어미 소가, 마치 내 분신 같았다. 갑자기 눈물이 터져 나왔다. 옆에 있던 친정엄마가 갑작스러운 나의 눈물에 당황했다.

"엄마, 저 어미 소가 꼭 나 같아. 저 앞으로 먹을 것 좀 많이 가져다줘요. 밥도 제대로 못 먹고, 일어나지도 못하잖아요. 엄마, 저 어미 소가 너무 불쌍해."

친정엄마는 사람이나 짐승이나 새끼 낳고 나면 몸과 마음이 다 힘든 것이라고, 내 등을 쓰다듬으며 위로해주었다. 우성이가 혹여나 볼세라 얼른 소매로 눈물을 훔쳐냈다.

그때 그 어미 소의 모습이 어미 개의 젖 먹이는 모습과 묘하게 오버랩 되었다. 세상의 모든 어미에게 동병상련의 정을 느끼나 보다.

한참 동안 젖을 빨던 강아지들은 어느새 놀이터 모래사장에서 짧은 꼬리를 흔들며 바쁘게 뱅글뱅글 돌았다. 그날의 동지인 우리 모두는 놀이터 담장 위에 일렬로 앉아서 불타는 듯 아름다운 석양을 맞이했다. 그 후로 우리는 시간이 되면 약속이나 한 듯이 모두가 슬리퍼를 질질 끌고 나와 모였고, 시간이 되면 또 홀연히 사라졌다. 아무것도 요구하지 않으면서도 같은 시간과 기억을 공유했다.

그동안, 강아지들은 사이판 땡볕 속에서도 쑥쑥 자랐다.

Part 4

아이도 자라고,

엄마도 자란다

"세계는 한 권의 책이다. 여행하지 않는 자는
그 책의 단지 한 페이지만을 읽을 뿐이다."
– 성 아우구스티누스

동물 흉내 전문가
vs 모태 여행가

우성이는 유난히 동물에 관심이 많다. 아기 때부터 책을 보며 혼자 웅얼웅얼 동물 흉내를 내던 아이는, 일곱 살 여름의 사이판에서도 틈만 나면 동물 소리를 내고 요란한 몸짓으로 동물의 움직임을 표현했다. 무슨 동물을 흉내 내는지 가늠할 수 있는 날은 그나마 운이 좋다고 해야 할까? 도무지 분간조차 안 되는 동물을 흉내 내는 날에 비하면 말이다. 예를 들면 이런 것들이다. 한쪽 날개를 다친 무당벌레나 새장에 갇힌 카나리아 혹은 감기 때문에 코가 막혀서 한쪽 코로만 불을 뿜는 용 같은 것들.

사연도 구구절절한 동물들을 너무도 신나게 흉내 내는 모습을 보면, 아이의 무한한 상상력과 세세한 표현력에 감탄이 나오는 것도 사실이다. 하지만 사이판의 뜨거운 햇살 아래에서 거침없이 그런 희한한 행동을 하고 있을 때면, 아무리 사랑하는 아들이라도 슬그머니 고개 돌리고 싶을 때도 종종 있었다. 짐짓 모른척하고 딴청을 부리고 있어도 사람들은 그렇게 요란하게 놀고 있는 아이의 엄마가 누구인지 다 알고 있었다. 기어이 나와 눈을 마주치고는 "So cute!"를 말하며 특유의 사람 좋은 웃음을 함빡 지어주었다.

그럴 때마다 약간 부끄러워졌다. 차라리 외면하지 말고 자연스럽게 있으면 좋았을 것을…. 다른 곳을 쳐다보고, 살짝 떨어져 있어도 이곳에서는 누가 봐도 나와 똑같은 입매를 가진 내 아들인 것이다.

그들의 살가운 인사에 나도 함께 미소로 답하며 마음속으로 이렇게 속삭였다.

'귀엽게 봐줘서 고마워요! 다음번엔 좀 더 흔한 동물을 흉내 낼 때 마주치길 바랄게요!'

그 순간에도 내 옆의 아이는 여전히 비 맞은 새를 흉내 내고 있었다.

천성이 순하고 마냥 웃음이 많은 우성이를 키우다 둘째를 딸로 낳게 되니 우성이의 여자아이 버전일 거라고 생각했다. 그러나 웬걸…. 승희는 우성이와 외모부터 달랐고 표현 방법도 무척 달랐다. 우선, 오빠보다 대담하고 거침이 없다. 또래보다 체구는 유난히 작아도 무엇이든 빨리하고 싶어하고, 넘어져도 우는 법이 없이 무릎을 탁탁 털고 일어나서 짧고 오동통한 다리로 자신의 목적지까지 한달음에 달려간다. 기분이 나쁘거나 뜻대로 일이 안 풀릴 때면 손에 들고 있던 장난감을 던지거나 소리를 꽥! 지를 때도 있고, 온 힘을 다해 바닥에 주저앉으며 확실하게 자신의 감정을 전달할 때도 있다.

전혀 예상치도 못한 강한 캐릭터가 등장한 것이다.

둘째는 태어날 때부터 첫째를 경쟁 상대로 여기며 살아간다고 했던가? 그래서인지 오빠보다 더 잘하고 싶고, 먼저 하고 싶고, 오빠가 하는 것은 반드시 자기도 해야 성에 찬다. 낯선 사이판에서도 마찬가지로 오빠보다 더 겁 없는 행동으로 나를 놀라게 하곤 했다. 모래사장 근처를 맴도는 오빠와 달리, 튜브 하나에 의지한 채 오빠보다도 더 깊은 곳에서 수영을 즐겼다. 어떨 때는 사이판 어디에서나 흔하게 볼 수 있는 게코Gecko 도마뱀을 잡아 들고 기쁨의 환호성을 질러댔다.

또, 특유의 적극성으로 본인의 자리를 만들어내곤 했는데, 예를 들면 이렇다. 현지인들을 마주치면 어설픈 발음으로 '군모잉Good Morning' 혹은 '헬로'라고 인사하며 스스럼없이 다가가서, 그들로부터 "Lovely"라는 말을 얻어냈다. 오빠가 자신의 생각과 감정을 정확하게 표현할 수 있는 '영어'라는 무기가 있다면, 이 아이는 누구에게나 먼저 다가가는 특유의 자신감이 있는 것이다.

이 아이의 이런 자신감과 대담함은 어디에서 온 걸까? 여행이라면 사족을 못 쓰는 엄마를 둔 탓 아닐까? 승희는 생후 50일부터 이리저리 여행을 다녔다. 정확히 말하면 그보다 전이다. 세 돌이 갓 지난 우성이에게 넓은 세상을 보여주겠다며 배 속의 승희와 함께 3개월간 미국으로 떠난, 약간은 튀는 엄마에게서 태어난 것이 이 아이의 숙명이겠지. 아마도 이 아이는 이미 눈치채고 세상에 나왔으리라.

그런 남다른 여행 경험을 가지고 태어난 아기이기에 사이판이라는 낯선 곳으로 왔는데도 전혀 긴장하지 않았을 것이다. 오히려 달라진 주변 환경과 사람들의 외모를 자세히 관찰하고, 자신이 어떻게 대처해야 할지를 생각하며 누구보다 더 이곳에 흡수될 준비를 했을 것이다.

배 속에서부터 여행을 생활로 받아들이게 되었는지도 모르겠다.

승희의 워너비는 다름 아닌 우성이다. 오빠가 되고 싶어서 소변도 서서 보는 아이. 오빠가 집에 없으면 오빠가 하던 행동을 그대로 흉내 내는 아이. 오빠가 책을 보고 있으면 오빠 옆에서 30분 이상을 꼼짝도 안 하고 책을 넘기는 아이. 오빠가 좋아서 뒤를 졸졸 따라다니다 결국은 제 성질에 못 이겨 울음을 터트리고, 오빠가 놀아주면 세상 좋고, 오빠가 먹으면 배가 안 고파도 꼭 같이 먹어야 하는 이 아이. 가끔은 넘치는 열정으로 엄마의 숨은 분노를 불러오기도 하지만, 나는 이 아이가 참으로 사랑스럽다.

'우성이가 승희처럼 대담하고 승희는 우성이처럼 신중하면 얼마나 좋았을까?'

주변에서 이런 말을 할 때가 있다. 아무래도 성격이 바뀐 거 같다고 대놓고 말하는 경우도 꽤 있었다. 그래. 맞는 말일 수도 있다. 하지만 남들이 뭐라든 나는 두 아이의 성격이 아주 마음에 든다. 신중한 우성이는 무엇을 해도 지금처럼 조심스럽게 선택할 것이니 그만큼 후회도 덜할 것이다. 여느 사내아이보다 더 대범한 승희는 어떤 일을 결정할 때 뒷일을 두려워하지 않을 것이다. 내가 할 일은 그저 이 아이들의 장점을 지키며 잘 자라나게 보살펴주고, 자신만의 균형 잡힌 시각으로 이 세상을 살아갈 수 있도록 긍정적인 삶의 형태를 보여주기만 하면 된다.

그거면 된다.

바닷가에서 아침 먹는 친구들은
있을까요?

여느 날과 다름없이 아이들보다 일찍 일어나 모닝커피와 독서로 아침을 맞이하고 식사 준비를 시작했다. 잠시 후 우성이가 잠에서 덜 깬 채로 멍하니 앉아 송아지 같은 눈을 껌뻑이며 잠을 쫓고 있었다. 그러더니 갑자기 나를 불렀다.

"엄마! 지금 바닷가로 놀러 가고 싶어요."

"응? 이렇게 일찍? 너무 이른 시간 아닐까? 아침 먹고 가면 어때?"

"도시락 싸 가지고 가서 먹으면 되잖아요."

"아하~ 그러면 되겠구나!"

아이의 말에 호응해주니 금세 잠이 다 깬 듯 신난다는 표정으로 침대에서 몸을 구르며 좋아했다. 세상모르게 자고 있던 승희도 깨어나서는 영문도 모르고 일단 오빠와 함께 굴렀다.

'이런 단순한 녀석들….'

아이들이 좋아하면 어미인 나는 그냥 좋다. 도시락이야 뭐 간단히 준비하면 되니까. 혹시나 하며 준비해간 플라스틱 도시락통 하나엔 조물조물 주먹밥을 싸서 넣고, 또 하나에는 식빵에 잼을 바르고 유아용 치즈도 먹기 좋게 4등분 해서 넣었다. 후식으로 사과와 오렌지 하나씩 싸고, 시원한 물 한 통과 우유 두 팩을 넣어서 음료까지 준비 완료. 여별 옷과 수건, 그리고 아이들 책 한 권씩. 많이 챙기는 것 같아도 후다닥 간단히 준비할 수 있는 것들이다.

좋은 식당에서 맛있는 음식을 사 먹어도 되고, 실제로 사이판에서 외식을 한 적도 몇 번 있었다. 하지만 가장이라는 이름으로 묵묵히 일하며, 우리에게는 항상 아끼지 말고 넉넉하게 쓰라고 말해주는 남편을 생각하면 쉽게 돈을 쓸 수 없었다.

그런데도 마음은 늘 풍요로웠다.

도시락 준비를 마친 후 아이들을 재빨리 씻기고 입혀서 차에 태웠다. 출발한 지 몇 분도 채 안 되어 우리는 푸른 물감을 뿌려놓은 듯한 바닷가에 자리 잡았다. 아침나절에만 잠깐 느낄 수 있는 시원한 바닷바람을 온몸으로 즐기며 간소한 아침을 먹었다. 신선놀음이 바로 이런 것 아닐까. 아이들도 이 순간을 제대로 즐기고 있는 듯했다. 바다를 조용히 바라보며 샌드위치를 먹던 우성이가 갑자기 입을 뗐다.

"엄마. 지금 생각난 건데요. 유치원 친구들도 그렇고 다른 아이들도 지금 우리처럼 바닷가로 소풍 와서 아침밥 먹는 친구들은 거의 없겠는데요?"

"음. 아마도 그렇겠지? 다들 유치원이나 학교에 가야 하니까. 이런 시간에 이렇게 멋진 바다를 보며 아침을 먹는 아이들이 많지는 않겠지. 정말 좋다, 그렇지?"

"네, 이렇게 있으니 좋아요. 감사합니다."

감사하다고 말하며 씨익 웃어 보이는 아이. 옆에 앉은 승희는 그저 오빠 몫까지 먹으려고 눈치를 볼 뿐, 우리의 대화에는 좁쌀만큼의 관심도 없었다.

그런데 참 희한했다. 선선한 아침 바람을 맞으며 도시락을 먹는 시간, 그 순간을 감사하다고 생각하는 아이의 마음, 어쩌면 대수롭지 않게 여겨질 것들이 너무나 유쾌하게 다가왔다.

배운다는 게 뭐 별건가? 화려하거나 멋지지 않아도 마음이 편해지고, 하늘과 바다와 나무의 단순한 조합이 얼마나 아름다운지만 깨달아도 되는 거지. 단순함에서 오는 소소한 재미를 제대로 느낄 줄 안다면 앞으로 펼쳐지는 시간은 얼마나 더 흥미롭고 풍요로울까. 그것만으로도 충분하다. 지금 우리가 미소 지을 수 있으면 그만이다. 아이들의 기억 속에서 사라진다고 해도.

분명 세포 구석구석에 소박한 행복의 흔적을 남길 것이다.

03

작은 동물원에서
큰마음을 보여준 아이

"사이판에도 동물원이 있어요?"

아이들은 아침 댓바람부터 동물원에 가고 싶어 했다.

"동물원? 이곳에서? 사이판에 동물원이 있나?"

여기저기 알아보니 딱 한군데 있었다. 그런데 개인이 운영하는 소규모 동물원이라 별로 정보가 없을뿐더러 그나마 찾은 블로그 후기에는 아예 돈 아까우니 가지 말라는 혹평이 대부분이었다. 이렇게 볼 것도 없다는데 가야 할까? 하는 마음을 숨긴 채 아이에게 슬며시 물었다.

"우성아, 동물원에 왜 가고 싶어?"

"궁금하니까요. 사이판의 동물원은 어떻게 생겼는지 보고 싶어요."

아이가 예의 송아지같이 커다란 눈망울을 껌뻑껌뻑하더니 간단히 대답했다.

아, 그래. 궁금하다는데, 이곳의 동물원이 보고 싶다는데….

"그래, 그럼 가보자. 사이판 동물원에는 무슨 동물들이 있는지 한번 보러 가자."

가서 실망하더라도 일단 가자 생각하며 차에 올랐다. 가라판 시내에서 북쪽으로 올라가는 길에 조그마한 표지판이 보였다. 표지판을 따라 오른쪽으로 꺾어 들어가자 동물원이 나타났다. 뭔가 허술한 느낌이 가득했다. 미심쩍은 마음을 품은 채 주차장에 차를 대고 들어가는데, 초입에서부터 호랑이 울음소리가 들려왔다.

"오호, 호랑이도 있는 거야? 그래도 보기보단 규모가 좀 큰가 보네. 호랑이가 있는 것을 보니 말이야."

약간의 기대를 품으며 표를 끊으러 건물 안으로 들어갔다. 어둡고 습해 보이는 건물에서 관리자로 보이는 남자가 쑤욱 나왔다. 입장료가 어른은 15불, 어린이는 5불이란다. 생각보다 꽤 비싼 가격에 놀랐지만, 아이와의 약속도 약속이었다. 표를 끊고 안으로 들어갔다.

우리를 맨 처음 맞이한 건 검은 고양이였다. 오랜만에 사람을 봐서 반가운지 우리 뒤를 계속해서 졸졸 따라왔다. 평소 겁 없는 승희가 고양이를 보더니 웬일인지 '으으앙!' 하고 울음을 터트렸다. 하는 수 없이 우는 승희를 품에 안고 우성이를 앞세워 동물원 구경에 나섰다.

입구부터 기대감을 안겨주던 호랑이는 거대한 몸에 어울리지 않게 꽉 막힌 철창 안에서 그다지 반기지 않는 눈빛을 하며 웅크리고 있었다. 언뜻 보기에도 무척 답답해 보였다. 광활한 초원을 내달려야 할 맹수의 왕이 이렇게 작은 곳에 갇혀있다니…. 그도 분명 야생의 피가 흐르는 맹수일 텐데, 맹수로서의 본성은 이런 동물원에서 쓸 일도 없고 쓸 수도 없다. 사방이 막힌 우리 속의 호랑이는 눈을 마주치자 한두 번 으레 으르렁거리더니 이내 무기력하게 눈길을 돌려버렸다. 내 마음은 작은 송곳이 찌르고 가는 듯 아릿해졌다.

동물에게 연민을 느끼는 순간 동물원 순례는 무의미해진다.

내 마음이 그렇다고 아직도 호기심에 가득 차있는 아이에게 그만 가자고 할 수 없는 노릇이었다. 호랑이 때문에 무거워진 마음이 천생 시끄럽게 타고난 앵무새를 보면 조금 나아질까 기대하며 앵무새가 있는 곳으로 이동했다. "Hello" 하며 목소리 높여 인사를 건넸는데, 어쩐 일인지 바쁘게 고개만 움직일 뿐 반응이 없었다. 'Hi'로 해야 하나? 다시 "Hi" 하며 인사해봤지만 역시나 돌아오는 것은 뚱한 표정뿐이었다. 그의 표정에서 이런 속마음이 읽히는 듯했다.

'일일이 귀찮게 말 걸지 말고 조용히 구경만 하고 가는 게, 나를 도와주는 거라고요. 나도 혼자 쉬고 싶다고요.'

무뚝뚝한 앵무새에게서 미련을 거두고 발길을 다시 옮겼다. 심하게 녹슬어서 아이들조차 타고 싶지 않을 듯한 키 작은 미끄럼틀과 그네가 덩그러니 놓여있었다. 아이들은 삐걱거리는 그네를 몇 번 타더니 별 재미가 없는지 바로 내려왔다.

조금 더 가니 닭, 토끼와 같은 작은 동물들이 있고, 마지막으로 세상 귀찮은 듯 나른하게 누워있는 치타가 보였다. 치타를 끝으로 이 동물원에 더는 동물이 없다는 것을 알았다.

동물원이라고 할 것도 없는 동물원 순례가 그렇게 끝나고 만 것이다.

갇혀있는 동물도 지쳐 보이고, 그런 동물을 봐야 하는 우리도 너무나 힘이 들었다. 호랑이를 만난 순간부터 또다시 그렇게 비좁은 곳에 갇힌 동물을 보게 될까 내심 두려웠는데, 동물이 적은 것이 차라리 다행이었다. 아이들은 또 어떻게 받아들였는지 모를 일이지만.

내 마음을 숨긴 채 아이에게 조심스레 물었다.

"우성아, 여기에 있는 동물들 전부 다 본 거야. 너무 조금이지?"

"이게 다예요? 동물들 더 없어요? 더 있을 것 같은데요?"

"이게 다야. 봐봐. 벽으로 막혀서 더 갈 곳도 없지? 들어왔던 곳으로 다시 돌아가야 해. 동물원이 너무 작아서 동물들도 많이 없다. 그렇지?"

아직 기대를 버리지 못한 아이에게 그렇게 묻고 나니 조금 미안한 마음도 들었다. 차라리 안 올 걸 그랬나? 후회되기도 했다. 그런 내 마음은 아랑곳없이 앞장서서 경쾌하게 걸어가던 우성이는, 잠시 생각하는 것 같더니 걸음걸이만큼 경쾌한 목소리로 대답했다.

"맞아요. 동물들이 정말 조금밖에 없는 건 사실인데요. 그래도 저는 재미있었어요. 사이판 와서 호랑이도 봤잖아요. 고양이가 따라다니기도 했고요. 동물 우리가 너무 더럽고 좁아서 불편해 보이고 동물들도 늙어 보여서 불쌍했지만 그래도 귀여웠어요. 하지만 동물들이 지금보다 더 깨끗한 곳에서 편하게 지내면 좋겠어요. 동물들도 덥고 힘들 것 같아요."

뜻밖의 말이 아이의 작은 입에서 흘러나왔다.

아쉽게 끝나버린 동물원 구경에 심술을 부릴 거라고 지레 생각하고 있었다. 재미와 호기심만 있는 줄로 알았던 일곱 살 소년은, 동물 흉내를 내면서도 동물들이 어떻게 지내고 있는지 눈여겨보며, 동물도 생명이 있고 모든 생명은 보호받고 존중받아야 한다는 것을 조금은 깨닫고 있었나 보다.

되짚어 보니 아이는 동물원을 돌아보는 동안 동물들과 일일이 눈을 맞추었고, 계속해서 다가오는 고양이를 귀찮아하지 않고 정성껏 쓰다듬어 주었다. 우리에 갇힌 동물들에게도 한마디씩 아는 척을 했고 헤어질 때마다 'Bye'를 속삭였다. 마냥 어리다고 생각했던 이 아이는 마음속으로 동물들 걱정을 하고 있었던 것이다. 어쩌면 아이가 바라보는 시선도 나와 다르지 않았을지도, 아니 나보다 더 큰마음으로 새기고 있었을지도 모르겠다.

아이는 점점 마음이 여물고 있다.

04

미안하고 미안해,
사랑하고 또 사랑해

아직 아기 티를 벗지 못한 여자아이와 아기에서 아이로 성장 중인 남자아이가 의좋은 오누이가 된다는 건 원래 불가능한 것이었을까? 네 살 차이의 남매가 함께, 재미있게, 오랫동안 논다는 건 언뜻 생각해도 그다지 만만한 문제는 아니다. 오빠가 하는 것이라면 무엇이든 시도 때도 없이 다 따라 하며 욕심부리는 동생과, 그 동생의 간섭으로 매번 자기의 영역이 무참하게 침범당하는 큰아이의 갈등은 어쩌면 이미 예견된 것일 수도 있다.

물론 사이좋게 지내는 순간도 있지만, 그야말로 순간이다. 금세 평화가 깨져버리곤 한다. 그럴 때면 고상하면서도 절제된 목소리로 차분하게 타이르며 갈등 상황을 마무리하고 싶은 마음과는 달리, 일단 표정부터 급작스레 굳어지고 목소리는 이미 상승단계에 들어선다. 아이들을 제압하는 데는 이렇게 인상을 잔뜩 쓰며 두 눈으로 초강력 안구 레이저를 쏟아붓는 것만 한 게 없다. 조용한 목소리로 타이르는 것보다 몇 배는 빠르게 갈등 상황을 종료할 수 있기 때문이다.

아무리 육아서를 줄줄이 꿰고 있어도, 실전에선 그게 최고다.

하지만 이곳은 평화로운 사이판 아닌가. 너무나도 아름답고 고요한 사이판이 아니던가. 아무리 4년 차이의 성향 다른 남매여도 싸움이 일어나서도 안 되고 갈등이 생겨서도 안 되는 곳이다. 적어도 엄마인 내 입장에서는 그렇다.

여전히 아이들은 사이좋게 놀다가도 누가 먼저랄 것도 없이 아웅다웅하고, 몇 분이 지나면 둘 중 누군가는 나를 큰 목소리로 불렀으며, 또 얼마 지나면 누군가가 억울함을 잔뜩 묻힌 울음소리를 내곤 했다. 한국에서와 별반 다르지 않게 말이다.

'아니! 얘들은 여기에서까지 어쩜 이래?'라는 생각이 문득문득 들기도 했지만, 어쩌랴. 둘이 다른 것을 인정해야 하고, 서로 조율할 시간이 더 필요한 것을. 어른들도 사소한 이유로 갈등이 생기고 표정 관리를 못 하면서 아이들에게 그 이상을 바라는 건 더 이상한 일 아닐까.

하지만 어느 순간부터인지 싸운 시간만큼 더 많이 깔깔거렸고, 엄마가 생각에 잠겨있을 때면 한 시간이고 두 시간이고 엄마를 찾지 않고 둘만의 영역을 만들었다. 언제까지나 친구처럼 의지할 수 있는 상대가 서로라는 걸 눈치챈 걸까? 아이들은 다정하게 서로를 챙기고 노는 방법을 터득해갔다. 우성이는 승희를 데리고 다니며 자신의 지식을 총동원하여 조심해야 할 것들을 자상하게 설명해주고, 안전하게 보호했다.

어쩌면 동생에 대한 남모를 의무감을 가졌을지도 모르겠다.

우성이의 그런 마음이 대견하면서도 안쓰러운 일이 있었다. 남자아이와 엄마, 할머니가 함께 여행 온 한국인 가족이 우리 숙소에 머물고 있었다. 남자아이가 우성이와 동갑이라 가족끼리 몇 번 어울려 놀았는데, 갑자기 아이 엄마가 병원에 가야 했다. 상황이 급해서 내가 태워다주마 했지만, 아이들까지 데려가기는 무리였다. 어쩔 수 없이 아이들을 할머니에게 맡겨두고 출발했다.

병원에 있는 동안 내 마음은 아이들 생각으로 가득 차있었다. 낯선 곳에서 엄마 없이 보낼 아이들에게 너무나 미안하고 우성이가 동생을 돌보느라 힘들지 않을지, 승희가 갑자기 엄마를 찾으며 울지는 않을지…. 할머니가 돌봐주고 있는데도 걱정이 끝없이 이어졌다.

볼일을 마치고 서둘러 숙소로 돌아오니, 나를 보자마자 달려든 아이들은 그렇게 한참을 매달려있었다. 얼마 후, 아이들은 본연의 업무(?)인 놀이로 다시 돌아갔다.

별일 없었다는 말에 마음을 놓고 잠시 쉬고 있는데, 할머니가 오셔서 한마디 하셨다.

"우성이가 많이 피곤할 거야. 맛있는 거 많이 먹여서 푹 쉬게 해."

"우성이가요? 왜요?"

"우성이 엄마가 안 보인 순간부터 승희를 돌보는데, 내가 다 깜짝 놀랄 정도로 신경을 쓰는 거야. 동생이 혹시나 엄마 찾거나 울까 봐 한시도 눈을 안 떼고, 제대로 놀지도 못하더라고. 어린아이가 어쩜 그렇게 하는지 참 기특해. 자기도 어린아이면서, 저런 애는 처음 봤어."

혀까지 차면서 말씀하시는 할머니. 그 순간에도 아이는 평상시와 다름없이 요란하게 우당탕거리며 뛰놀고 있었다.

불과 몇 시간이지만 동생을 돌보며 얼마나 긴장했을까. 얼마나 책임
감을 크게 느꼈길래 그렇게 했을까. 아들에게 미안한 마음이 밀려왔다.

'미안하고 미안해. 사랑하고 또 사랑해. 아직은 내 품에 쏙 들어오는
그 작은 어깨로 동생을 돌보고 있었구나. 내가 생각하는 것보다 너는 훨씬
더 의젓한 아이였구나.'

나도 모르게 마음이 몽글몽글한 순두부처럼 부드러워졌다.

05

말을 할 줄
안다는 것은

우성이가 아주 어릴 때부터 책과 CD, 그리고 나의 짧은 영어 실력을 총동원해서 우성이에게 끊임없이 영어를 들려주었다. 목적은 단 하나였다. 다른 세상과 마음껏 소통할 수 있는 '언어'라는 수단을, '공부'가 아닌 '말'로 자연스럽게 접하게 하고 싶었다.

나의 그런 육아법에 대해 많은 이들이 의심했다. 한국말을 못 할 것이라며, 엄마인 나도 안 하는 걱정을 하고 우려를 표하곤 했다. 아이가 한국말 대신 영어로 말하면 '그것 봐라. 아이가 한국말을 제대로 못 하게 됐잖아.'라는 듯 냉랭한 눈초리를 내뿜었고, 발음이 꼬이기라도 하면 짐짓 걱정하는 투로 "한국어 발음도 연습해야 하지 않아?"라며 위로 아닌 위로를 건네주는 이도 많았다. 유난을 떤다는 말도 제법 들었다.

시간이 지나면서 아이의 한국어 발음은 점점 더 선명해졌고, 표현력은 또래 아이들보다 훨씬 앞서갔다. 많은 우려와, 걱정을 가장한 시샘 속에서도 아이는 책과 자연을 친구 삼아 단단하게 자신의 힘을 키웠고, 나 또한 아이가 잘해낼 거라고 믿었기에 어떤 상황에서도 흔들리지 않았다. 언어가 가진 강력한 힘을 알고 있었기 때문이다.

외국어를 제대로 할 줄 안다는 것은 단순한 의사소통 능력에 그치지 않는다. 그 나라의 정서와 문화를 본질 그대로 받아들일 수 있게 되고, 그들의 사고와 가치관을 이해하게 되는 것이다. 한국식으로 생각해서 외국어로 힘겹게 뱉어내지 않고, 어떤 상황에서도 자신의 의견을 거침없이 말할 수 있게 되는 것이다.

단순히 시험 성적을 잘 받기 위한 영어가 아니다. 그만큼 시야가 넓어지고, 언어 하나로 내가 알고 싶고 접하고 싶은 세상을 만날 수 있게 되는 것이다.

그것은 분명 행운이다.

영어를 우리말처럼 하게 된 우성이는, 사이판 어디서나 또래 아이들을 만나면 인사를 나누었다. 언제 만났는지는 그 아이에게 그다지 중요하지 않았다. 어느 순간 돌아보면 튜브를 같이 끌고 있거나 같이 허우적거리며 개헤엄 치고 있고, 놀 거리를 작당하며 딱 그 또래 아이들만 할 수 있는 유치한 놀이를 날마다 만들어냈다. 뭐가 그리도 신나는지 낄낄거리며 장난을 치고, 끊임없이 새로운 방식으로 다른 세상의 아이들과 소통하며 자신의 시야를 넓혀갔다.

언제 만난 적이 있는 거 아니냐고?

아니. 전혀.

햇살이 기세를 누그러뜨리는 시간대에 우연히 같은 바다에 놀러 왔다는 것과 또래라는 것 말고는 별다른 공통점이 없었다. 굳이 더 찾는다면 노는 것에만 온 신경을 집중하고, 모래 놀이만 몇 번 같이해도 엄청난 유대 관계가 형성될 수 있다는 점 정도?

이 아이에게는 이런 일이 너무나 자연스럽다.

해 질 무렵이면 더욱 아름다워진다는 파우파우 비치에 다녀왔다. 에메랄드빛 같기도 하고, 이온음료를 섞어놓은 것 같기도 한 파우파우에 취해 있는 사이, 누군가 나에게 말을 걸었다.

"어디에서 오셨어요?"

순박한 미소의 한 중년 여인이었다. 아이들은 바다에 풀어놓고, 알록달록한 매트에 혼자 앉아서 오랜 시간을 멍하니 보내고 있는 내가 심심해 보였나 보다. 비슷한 질문을 하루에도 여러 번 받아서인지 나도 모르게 유창한 영어가 나왔다. 딱 그 질문에만 유창하다는 게 아쉽지만, 어찌 되었건 순간의 유창함도 빛날 때가 있기 마련이니까.

한국에서 왔다고 답한 후 어색한 미소를 띠고 있는데, 물놀이에 지친 우성이가 어느새 다가왔다. 여행 중 대화 상대가 주로 엄마와 (아직 대화 상대라 부르기엔 많이 부족한) 동생이다 보니, 다른 누군가와 말할 기회가 있으면 바람처럼 나타나곤 했다. 나보다는 우성이가 대화하는 게 낫긴 하지만, 우성이가 귀찮게 할 것 같아서 적당히 말을 끊어보려고 했다.

그런데 웬걸, 이젠 어른들과도 대화를, 아니 수다를 적당히 즐길 줄 알게 된 듯, 적절한 때에 말을 멈추어 듣기도 하고 모르는 것이 있으면 질문

하기도 하며 예의 바르게 대화를 이어나갔다. 여행하면서 나름대로 대화의 스킬이 생긴 것일까? 아니면 눈치가 생긴 건가?

어쨌거나 적당함을 알게 되었다는 것은 아이가 자라고 있다는 것.

06

나를 온전히
바라봐주세요

가라판의 야외무대 옆 긴 벤치에는 한 할아버지가 있다. 갈 때마다 그곳에 있는 걸 보면, 할아버지는 아마도 그곳에서 관광객들을 상대로 뭔가를 만들어주고 돈을 버는 듯했다. 그런데 하루는 우성이가 공연을 보다 말고 벤치 쪽으로 슬금슬금 자리를 옮기더니, 금세 할아버지 옆에 딱 붙어 앉아서 할아버지를 유심히 지켜보고 있었다. 사실은 나도 할아버지가 도대체 뭘 만드는 건지 궁금했지만, 평소 그의 웃음기 없는 표정만으로 아이들을 귀찮아할 거라고 지레짐작하며, 아예 관심조차 가지지 않았다. 그런데 우성이가 그 옆에 있는 거 아닌가! 괜히 말을 걸었다가 상처받지 않을까 걱정하며 얼른 다가갔다.

이게 웬걸? 할아버지는 여전히 고개를 숙이고 있었지만, 우성이의 질문에 고개를 끄덕이거나 고개를 가끔 들어 미소를 지어 보이기도 하고, 만들고 있는 것을 보여주기도 하며 생각과는 전혀 다른 따스한 모습이었다.

아이들을 위해 벤치 위에 앉을 자리까지 내주었다. 이런 경우가 종종 있었다. 나의 쓸데없는 잔걱정이 아이들의 자유로운 사고와 다양한 경험을 막으려던 경우 말이다.

하지만 이번에도 나의 경계심보다 우성이의 호기심이 먼저 움직였다.

우성이가 묻고 싶은 것들은 단순했다. 할아버지는 나무로 무엇을 만드는 걸까? 왜 만드는 걸까? 얼마나 다양한 것을 만들 수 있을까? 할아버지는 낯선 꼬마의 그런 시시콜콜한 질문세례에도 귀찮아하지 않고, 음악 소리에 행여 제대로 못 듣기라도 하면 우성이의 귀에 대고 설명을 해주며 시간을 넉넉하게 나눠주었다. 한동안 그렇게 우성이의 궁금증을 풀어주던 할아버지가 나를 불렀다.

"아이 이름을 좀 영어로 적어주세요."

"네? 아이 이름이요? 우성이요. W-O-O-S-U-N-G!"

목소리 높여 답했는데도 주위가 시끄러워 잘 안 들리는지 가방 안에서 꼬깃꼬깃한 종이 한 장을 꺼내어 건네주었다. 할아버지는 종이 위에 적어준 우성이 이름을 한참 바라보다가 가방에서 조그만 나무 조각을 꺼냈다. 한 손에는 나무를, 다른 한 손에는 연장을 들고 쓰윽쓰윽 나무를 깎고 파내어 금세 뭔가를 만들더니 우성이 손에 쥐여주었다. 갈색의 조그만 나무에 'WOO SUNG'을 새긴 작은 열쇠고리였다.

뭔가 답례를 해야 할 것 같은 마음에 가방에서 지갑을 찾고 있는 사이, 할아버지가 또다시 나를 불렀다. 이번에는 승희 이름을 적어보란다. 적기가 무섭게 금세 '스스슥' 손을 바삐 움직이더니 순식간에 승희 것을 만들어 우성이 열쇠고리와 연결했다. 사례를 하려고 얼른 지폐 몇 장을 꺼내어 들었다. 할아버지는 내 손을 막으며 한마디 했다.

"Your son is my friend. This is for him."

얄팍한 마음을 들킨 것 같아서 어찌나 부끄럽고 귓가가 화끈거리던지. 예상치 못한 선물과 친절을 베풀고 철없는 꼬맹이들을 순수하게 친구로 받아들인 그 마음을 모르고, (알려고 하지 않았다는 표현이 더 맞을지도) 나는 그저 내 기준으로만 생각하며 몇 장의 지폐로 할아버지의 마음을 사려고 했던 것이다.

우든커터 할아버지의 무표정하고 피곤해 보이는 얼굴은 나에게 이렇게 말하고 있는 듯했다.

'외모나 분위기로 사람을 판단하지 말고, 온전히 바라봐주세요.'

07

두 아이의
달콤한 속삭임

이곳이 아무리 멋진 휴양지이고 게으름이 절로 피어나는 곳일지언정, 엄마라는 타이틀을 지닌 나는 생각처럼 마냥 한가롭지는 않다. 일일이 먹이고 씻기고 입히는 건 기본이고, 아이들과 한몸이 되어 돌아다녀야 하고, 더위라도 먹을까 싶어 수시로 컨디션을 조절해줘야 한다. 두 아이의 든든한 보호자이자 가이드, 요리사, 친구, 운전기사, 남매가 싸울 때면 중재자까지, 몸 색깔이 수시로 변하는 변온동물처럼 여러 가지 일을 척척 해내고 있다. 아이를 낳기 전에는 나의 볼품없는 몸뚱아리가 이렇게나 다양한 역할로 쓰이리라곤 상상도 하지 못했다.

하지만 이곳은 나에게도 낯선 곳이라 긴장이 될 수밖에 없다. 엄마 옆구리에 딱 붙어서 절대 떨어지지 않는 껌딱지 시즌의 아기와, 시도 때도 없이 동물 흉내를 내는 개구쟁이 남자아이가 있어서 더더욱 그렇다. 그래서, 어쩌다 한 번씩은 기운이 뚝뚝 떨어지는 느낌이 든다.

예를 들면 이런 때다. 선잠을 자다 깬 아이들을 재우려고 기약 없이 토닥거리다 날밤을 새웠을 때. 밤새 무릎이 아프다고 뒤척거리는 아들을 비몽사몽 하며 주물러줘야 할 때(나도 어깨가 아프고 저리건만!). 하루에도 열 번 이상 "다 내 거야! They're all mine!"을 외쳐대며 세상의 중심은 자기라고 착각하는 두 돌 아기를 달래줄 때. 이 정도 반복되면 도가 틀 때도 되었건만, 어찌 된 것인지 전혀 익숙해지지는 않고 온몸의 기운만 빠졌다. 혼자 온전히 쉴 수 없다는 것이 무기력의 원인이었을지도 모르겠다.

물론, 가끔 꿈같은 휴식이 생길 때도 있다. 하지만 그마저도 풍족하게 올 리는 없다. '엄마'라는 종족이 해야 할 일은 사이판에서건, 한국에서건 그대로니까.

한국처럼 바쁘지 않다는 것이 위안이라면 위안이겠지.

낯선 곳에서 여러 역할을 자처하며 그렇게 지내오다가, 찾아올 듯 말 듯하던 에너지 방전이 결국엔 오고야 말았다. 열이 가볍게 오르는 듯하더니 온몸이 무거워졌고, 두통이 묵직하게 머리를 짓눌러서 눈조차 뜨고 있기 힘들어졌다.

'아…, 이런…. 이렇게 아플 상황이 아닌데….'

꽝이 된 엄마의 컨디션과 달리, 매끼 영양가 있게 먹고 적당히 휴식하며 지낸 아이들은 상태가 아주 좋았다. 피부는 까맣게 그을렸지만, 볼살이 통통하게 올라서 생기 있고 발랄해 보이기까지 했다. 아이들은 엄마의 몸 상태도 모른 채 피크닉 가자고 조르기 시작했다. 한술 더 떠 맛있는 도시락을 싸서 바닷가에 가자고 신이 나서 이야기했다.

'이 녀석들…, 엄마가 이렇게 아픈데 아무 눈치도 못 채고.'

목소리가 안 나올 정도로 목은 잠기고, 한쪽 쌍꺼풀이 풀려버릴 만큼 눈이 팅팅 부어올라서 누가 봐도 아픈 몰골인데, 아이들은 눈치를 못 챈 건지 관심이 없는 건지 한껏 들떠있었다. 아무것도 모르고 하는 행동일 뿐인데도, 슬슬 기분이 안 좋아졌다. 이럴 때는 내 의지와 상관없이 평상시보다 몇 옥타브 높아진 목소리가 절로 나온다.

"피크닉은 무슨 피크닉이야! 엄마 눈이랑 얼굴 부은 것 안 보여? 엄마 지금 아주 많이 아파서 꼼짝도 못 하니까 우성이는 승희 잘 돌보고, 승희는 오빠 말 잘 들어! 엄마 이제 약 먹고 쉴 테니까 시끄럽게 하지 말고!"

심통이 사나워진 나는 기어이 내 몸 상태를 두 아이에게 알려서 분위기를 싸하게 만들어놓고, 감기약과 진통제를 입에 털어 넣은 후 이불을 뒤집어쓰고 돌아누웠다.

이렇게 아플 때면 나도 한없이 위로받고 싶다고!

잠을 청한 지 채 몇 분도 지나지 않아서 컵이 떨어지는 소리가 났고, 뒤이어 승희의 울음소리가 들려왔다. 승희는 "Mommy~!"를 목청껏 불러댔다. 엄마를 이렇게까지 부를 때는 얼른 일어나서 안아줘야 한다. 머리로는 그렇게 알고 있는데도, 두통과 몸살에 짓눌린 나는 어쩐 일인지 몸을 조금도 움직일 수 없었다.

'애들을 놓고 쉬려고 한 내가 잘못이지. 아픈 내가 잘못이지… 휴….'

온 힘을 쥐어짜서 일어나려고 하는데 나직하게 속삭이는 우성이의 목소리가 들려왔다.

"승희야, 오빠가 바닥부터 닦고 다시 따라줄게. 우리 승희, 엄마 지금 많이 아프시니까 울지 말고, 잠깐만 기다려줄 수 있지?"

승희를 그렇게 달랜 후, 바닥에 쏟아진 물을 닦고 동생에게 물을 먹이며 분주하게 움직이는 소리가 들렸다.

"아이 예쁘다. 우리 승희!"

우성이는 평상시에 내가 승희에게 하는 말투를 그대로 흉내 내며 작은 목소리로 승희를 다독거리더니, 속닥속닥 책을 읽어주기 시작했다. 두 돌 꼬맹이는 오빠가 자기를 돌봐주는 것을 알아챘는지, 오빠가 들려주는 동화를 들으며 평온해졌다.

우성이의 책 읽는 소리에 나도 아기처럼 스르르 잠에 빠져들었다.

한참을 자다가 주위가 너무 조용해서 깨어났다. 진통제 덕분에 몸이 조금은 가뿐해졌다. 그런데 침대 위에 있어야 할 아이들이 보이지 않았다. 책을 읽어주다 그만 잠이 들었는지, 침대 근처 바닥에서 세상 모르게 자고 있었다. 두 아이를 바라보니 심장이 몰캉해지는 느낌이었다.

'이렇게 작은 공간에서 혹시라도 엄마가 깰까 봐 목소리를 낮추며 얼마나 애를 썼을까.'

몸이 좀 나아지고 나니 아이들에게 '빽' 하고 소리 지르던 내 모습이 떠올라 부끄러워졌다. 항상 옳은 것처럼 행동하고 다 아는 것처럼 말하지만 실은 나도 실수투성이에 모르는 것 천지인데, 왜 아이들 앞에서는 가식을 떠는 걸까? 항상 나만 피곤한 것 같고 나만 아이들을 돌본다고 생각했는데, 어쩌면 그것은 나의 오만이자 착각 아니었을까. 사실 나를 위한 것인데도, '아이들을 위해서'라며 많은 이유와 변명을 대던 이기적인 엄마가 나였다. 아이들이 나에게 주는 위로가 세상 그 무엇보다 강력한 위로라는 것도 모르는 무지한 엄마가 바로 나였다.

진통제 한 알로 몸에 평화가 찾아오자, 마음도 다시 한 번 제자리를 찾으려는 듯 수없이 많은 생각들이 꼬리를 물고 나왔다. 아이들을 침대로 눕히고 한 명씩 조심스레 안아보았다. 너무나 예뻤다. 새카맣게 그을린 아이들의 동그란 얼굴과 조그마한 몸, 쌕쌕 단내를 풍기며 들려오는 숨소리….

이 아이들이 내 품에서 나왔다니, 이토록 내 인생을 빛나게 해주다니…, 아이들에게 눈을 떼지 못하고 감사하고 행복해했다. 그리고 다짐했다. 내 몸을 제대로 돌보겠노라고, 아프다는 핑계로 아이들에게 변덕 부리고 나서 후회하지 않겠노라고 말이다.

'얘들아, 미안해. 엄마 이제는 아프지 않을게.'

08

헬로! 쏘리!
땡스!

여느 때처럼 숙소에서 점심을 먹고 열기가 약간 꺾일 때까지 쉬다가 숙소에서 가까운 놀이터로 향했다. 늘 그랬듯이 아이들은 미끄럼틀의 유선형 계단을 깔깔거리며 오르락내리락, 다람쥐들처럼 신나게 놀기 시작했다. 한참을 놀고 있는데 놀이터 앞에 검은 자동차가 멈추더니 귀여운 외모의 현지 여자아이 두 명이 누가 빨리 미끄럼틀에 도착하는지 내기라도 하듯이 달려왔다. 우리 아이들과 가볍게 인사를 나누고는, 원래 알고 지낸 아이들처럼 사이좋게 미끄럼틀을 타고, 모래 속에 파묻혀있는 병뚜껑들을 찾아서 세며 놀기도 하고, 철봉에 누가 더 오래 매달렸는지 옥신각신 대거리하며 신나게 놀았다.

꽤 오랜 시간을 그렇게 어울려 놀다가 여자아이들이 정식으로 인사를 했다. 언니인 미쉘은 우성이와 같은 나이, 얼굴도 인형같이 예쁘고 이름도 예쁘다. 동생은 이름 대신 개구쟁이 미소를 지으며 여섯 살이란다.

이런저런 이야기를 하고 있는데, 자매가 내렸던 자동차에서 또 한 아이가 내렸다. 승희보다 덩치는 크지만, 얼굴은 영락없이 딱 서너 살 정도인 남자아이였다. 그 아이도 내리자마자 미끄럼틀로 직진했다. 그런데 살집이 있어서인지 겁이 많아서인지 혼자 미끄럼틀로 올라가지 못하고 누나들을 부르며 도움을 청했다. 누나들이 쪼르르 달려가 서로 안아주고 양쪽에서 잡아주며 미끄럼틀 계단을 올라가는데, 내 눈에는 무척이나 위험해 보였다. 혹시라도 떨어질까 봐 옆에 있던 내가 계속해서 아이를 들어서 올려주고 붙잡아주었다. 승희는 어린 나이라도 워낙에 겁이 없고 몸이 날래서 높은 미끄럼틀도 혼자 오르내리는데, 그 아이는 키만 컸지 움직임이 둔했다. 아이는 자기 마음처럼 몸이 따라주질 않는지, 혼자 올라가다가도 조금만 높아지면 나를 바라봤다.

'도와달라고? 그래, 도와줘야지.'

엄마라면 내 아이건 아니건, 어디에서건 본능적으로 아이들이 힘들어하면 도와주게 되어있다. 아이가 통통해서 상당히 힘들었지만, 모성 본능을 발휘하며 온몸에 쉰내가 나도록 남자아이를 안아주고, 올려주고, 잡아주고, 놀아주었다. 그렇게 시간은 꽤 흘러갔다.

놀이터 앞에 서있던 자동차의 유리창이 스르륵 내려오더니 30대 후반 정도의 여자가 손을 흔들며 귀찮은 표정으로 아이들을 불렀다. 나와 눈이 마주쳤지만, 단 한마디의 인사도, 표정의 변화도 없이 아이들에게 계속해서 손짓을 했다.

아이들에게 누구냐고 물어보니 'Mommy'라고 대답했다.

세상에! 엄마란다!

나는 아이들이 아빠와 함께 왔을 거라고 막연히 추측하고 있었다. 아빠라는 사람들은 대개, 아이들이 놀이터에서 놀고 있어도 무신경하게 자신들의 오락거리로 시간을 보낼 수 있다. (인정하는 것은 아니다.) 하지만 차에서 기다리고 있던 사람은 아빠가 아닌 엄마. 엄마라는 것을 알고 나니 짜증이 밀려왔다.

'아니, 자기 아들이 이렇게 놀고 있는데, 차 안에서 보고만 있었단 건가? 아이가 무서워서 몸도 제대로 움직이지 못하고 있는데? 어쩜 한 번도 내리지 않고 있었지? 게다가 이 더위에 내가, 자기 아이들 셋과 우리 아이 둘까지 혼자 돌보며 한시도 눈을 못 떼고 있었는데, 어떻게 구경만 하고 있을 수 있지?'

순간적으로 화가 치밀어올라서 인상이 구겨지고 있었다. 그때 차로 돌아가려던 미쉘과 그녀의 동생들이 나에게 다가왔다. 집에 가야 한다며 동생 잘 돌봐줘서 고마웠다고 예의 바르게 인사했다.

'저런 엄마 밑에서 자란 아이들인데, 어떻게 이렇게 예쁘고 예의 바를 수 있는 거야?'

화가 덜 풀려서 속으로는 구시렁대고 있었지만, 내 인사를 기다리는 사랑스러운 아이들에게까지 차마 심술 난 표정을 보일 수는 없었다. 마음을 진정시키고 서로서로 다정하게 인사를 하며 헤어졌다.

아이들을 태운 자동차는 요란한 소리를 내며 출발했다.

대개, 엄마가 바르면 아이들이 바르고, 엄마가 바르지 못하면 아이들도 그렇다. 그런데 이렇게 아이들은 바른데 엄마가 바르지 않은 경우는 또

흔치 않다. 무척이나 당황스러웠던 그 순간을 떠올리며 나도 혹시 아이들을 옆에 두고 그런 실수를 하지 않았는지 돌이켜본다. 순간의 귀찮음 때문에 혹은 순간의 편안함을 위해 타인을 배려하지 않고 행동한 적은 없는지. 혹 그런 순간이 있었다면 미안하다고, 고맙다고 제대로 인사를 했는지 말이다.

아이들에게서 또 하나를 배웠다. 아이들은 정말로 쉽게 잘하는 말을, 정작 아이들을 가르쳐야 하는 어른들은 제대로 하지 않는다는 것. 제때에 하기가 쉽지 않다는 것.

"안녕"

"미안해"

"고마워"

09

엄마가 도서관을 좋아한
특별한 이유

다른 짐은 줄이더라도 책만큼은 넉넉히 가져오려고 몇십 권은 챙겨왔다. 하지만 한낮이나 비 오는 날은 물론이고 밥 먹을 때도 읽어대는 통에 한국에서 가져온 책이 얼마 지나지 않아 바닥을 드러내기 시작했고, 반복해서 보는 것도 한계에 다다랐다. 오다가다 서점을 본 적도 없어서 혹시라도 사이판에 도서관이 있을까 검색했다. 월드리조트 맞은편에 도서관이 하나 있단다. 늘 가는 놀이터 근처에!

차를 몰고 곧장 가보니 바로 어제까지도 수없이 지나다니던 곳이었다. 당장 필요하지 않으면 이렇게 무심하다. 차에서 내려서 뜨거운 햇살을 피해 도서관으로 발길을 재촉했다. 문을 힘껏 열고 들어가자마자 시원한 냉기가 온몸을 휘감았다. 정말 살 것 같았다.

곧이어 도서관 안을 구석구석 눈으로 훑었다. 도서관은 생각보다 깔끔하고 조용했다. 주말 낮인데도 사람들이 꽤 있었고, 책들도 잘 정리되어

있었다. 아이들이 좋아하는 '배트맨'이나 '아이언맨' 같은 슈퍼 히어로 모형을 크고 두툼한 판넬로 세워놓아서, 처음 오는 아이들에게도 밝고 친숙한 분위기를 전달해주고 있었다.

아이들이 모형을 구경하는 동안, 얼굴이 온통 덥수룩한 수염으로 뒤덮여있는 도서관 사서에게 다가갔다. 사이판에 한 달 정도 머물 건데 도서관 카드를 만들어 책을 빌릴 수 있는지 물었다. 말이 끝나기가 무섭게 "No"라고 대답하더니, 카드를 만들려면 3개월 이상은 머물러야 하고, 책은 아무 때나 와서 읽어도 된단다.

'책 읽는 거야 당연히 가능한 거지, 그걸 누가 모르냐?'

속으로 툴툴거리며 아이들이 참여할 수 있는 무료체험이 있는지 묻자 도서관 스케줄이 적힌 종이 한 장을 건네주었다. 그러면서 덧붙이는 말이, 공공도서관은 이곳뿐이라고 민간에서 작게 하는 곳이 있지만 찾기 힘들거란다. 스케줄 표를 보니 화요일부터 토요일까지만 문을 열고, 그나마도 일찍 문을 닫는다.

아이들 손을 잡고 도서관을 둘러보았다. 그런데 도서관 책상에 앉아있는 사람 중 절반 정도는 한국 학생들이었다. 어떻게 알았느냐고? 지나가면서 보니 한국 문제집이 차곡차곡 쌓여있었다! 엄마 손에 끌려온 것인지 아니면 자발적으로 와서 문제집을 풀고 있는 건지 모르겠지만, 그래도 사이판까지 와서 문제집을 풀고 있는 모습이 안쓰러웠다. 책이 좋아서, 책을 보고 싶어서 이곳에 왔다면 얼마나 좋았을까? 씁쓸한 생각을 뒤로하고 발길을 옮겼다.

조금 더 가니, 한국 책도 몇 권 있었지만, 책이 매우 낡은 데다가 그나마도 일본 책에 비하면 몇 권 없고, 아이들이 관심 가질 책도 눈에 띄지 않았다. 한 바퀴를 다 돌 무렵 데스크 옆쪽 문으로 들어가 보니 찾던 곳이 나왔다. 바로 아동도서 구간.

바닥에 알록달록한 매트가 있어서 앉거나 누워서 책을 볼 수 있고, 유아들을 위한 키 낮은 의자와 책상도 아기자기하게 놓여있었다. 자기들을 위한 공간임을 금세 눈치 챈 승희는 마음에 드는 책들을 찾느라 바삐 움직이더니, 책 여러 권을 뽑아서 차곡차곡 쌓아놓고 책 보는 시늉을 했다. 그 모습이 하도 진지해서 얼핏 보면 정말 책을 읽는 것 같을 정도였다.

우성이도 책을 한 권 골라서는 매트 위에 가방을 놓고 베더니 세상에서 제일 편한 자세로 누워서 책을 읽기 시작했다. 좋아하는 책 한 권만 있으면 어디에서든 바로 집중하는 우성이는 이미 자신만의 세계로 빠져들고 있었다.

그 이후로 도서관은 바다만큼이나 자주 가는 곳이 되었다. 정작 내가 도서관을 좋아한 이유는 따로 있었다. 어느 곳보다 와이파이가 잘 터진다는 사실! 편안한 의자와 시원한 에어컨 바람, 팡팡 잘 터지는 와이파이까지. 사이판의 도서관은 정말 편하고 쾌적했다.

가장 중요한 건, 아이들이 책 읽는 동안 꿀 같은 휴식이 생긴다는 점.

10

그래도
사랑스러운 아이들

아이들을 데리고 다니다 보면 몸이 힘들 때가 종종 있다. 아이들이 엄마 말을 바로바로 알아듣는 경우는 거의 없다. 게다가 아이들이란, 걸어서 5분이면 갈 곳도 1시간 이상 걸리게 하는 아주 뛰어난 능력자들 아닌가. 내가 드넓은 자연 풍경을 즐긴다면, 아이들은 바로 코앞의 나뭇잎과 땅바닥에 기어 다니는 개미 떼에 열광했다. 내 눈에는 한없이 사사로운 것들이 아이들에겐 끝없는 웃음을 주었고 호기심을 불러일으켰다. 내가 앞으로 닥칠 일을 생각하고 있다면 아이들은 당장 눈앞의 재밌거리에만 시선을 두고 마음을 빼앗겼다.

모든 것이 불편했다고 할 순 없지만, 솔직히 힘들지 않았다고 하면 거짓말이다. 햇살은 몸을 태울 듯이 이글거리는데 아이들은 (너무 자주) 발밑의 작은 것들에 눈길을 두었다. 덕분에 나는 어디 가지도 못하고 한 시간 이상 땀을 뻘뻘 흘리며 발이 묶이곤 했다. 바닷물로 끈적거리게 된 몸을 빨리

개운하게 씻고, 시원한 에어컨 바람을 맞으며 보송보송한 침대에 눕고 싶은 생각이 가득했다.

하지만 언제나처럼 아이들은 자기들만의 시간과 속도대로 움직였다.

아이들을 큰 소리로 불러도 보고 다리 아프다고 꾀병도 부려봤지만, 결국엔 기약 없이 사진을 찍으며 기다릴 수밖에 없었다. 그렇게 시간을 보내고 숙소로 돌아와 아이들을 재우고 혼자가 된 시간. 그 순간엔 굉장히 힘들었는데, 사진 속의 아이들 표정은 너무 밝고 눈동자는 한없이 맑았다. 얼굴에 즐거운 에너지가 가득해서 사진을 보는 나에게까지 그 에너지가 전달되는 것 같았다.

이렇게 즐거워하는데, 내가 그 시간을 못 견뎌 하며 막무가내로 자리를 뜨게 했다면? 순간 아찔했다.

'이 엄마가 말이야! 땡볕 아래에서 너희를 기다려줬으니까, 너희도 이런 표정을 지을 수 있었던 거라고! 에헴헴!'

그 자리에선 엄마 고생시킨다고 엄청나게 투덜거렸으면서도, 한편으론 아이들이 엄마 옆에 딱 붙어있는 시기라 참 다행이었다. 가족들과 여행 온 사춘기 아이들을 보니, 대부분 가족 여행을 전혀 즐기지 않고 스마트폰에만 빠져있었다. 아이들이 쌓아놓은 세계가 견고해 보였다. 아이들이 크면 몸이 한결 편해질지 몰라도, 마음은 그다지 편하지 않을 것 같았다.

다시 한 번 결심했다. 아이들과 더 열심히 다니고, 더 많이 기다려주고, 더 많은 추억을 남겨두기로 말이다. 아이들과 함께하는 이 시간은 다시 돌아오지 않을 테니까.

아직 어려서 기억하지 못한다고? 내가 기억하면 된다. 내가 이야기해 주면 된다. 하나도 놓치지 않고 간직해둘 것이다. 웃는 모습, 찡그린 모습, 화난 모습, 잠투정하는 모습, 억지 부리는 모습, 장난치는 모습, 애교 부리는 모습, 멍한 모습, 잠자는 모습…. 아이들 모습을 하나하나 떠올리니 너무나 도 사랑스러워서 마음이 떨린다.

요~ 녀석들! 아무래도 안 되겠다!
난데없이 사랑 고백을 하게 한 벌로, 뽀뽀 백만 번 실시!!

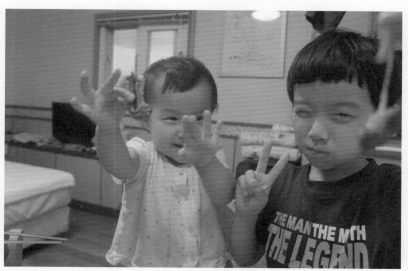

Part 5

태풍 속에서
싹튼

긍정의 씨앗

"모험이 위험하다고 생각된다면 그냥 일상적인 삶을 살아라.
하지만 그건 더 치명적이다."

- 파울로 코엘료

01

사우로델로의 습격,
엄마의 고군분투

사이판은 나에게 오색찬란하고 아름다운 기억만 남길 거라고 생각했다. 하지만 30여 년 만에 사이판에 불어닥친 초강력 태풍은 나의 순진한 환상을 비웃기라도 하듯 기대와는 다른 기억을 남겨놓았다. 그 태풍의 후유증은 생각보다 컸고 한동안 나에게 우울한 잔상으로 남기도 했다.

평소에는 숙소에서 밥을 해먹다가 모처럼 유명 리조트에서 해산물 뷔페를 맛있게 먹었던 날이었다. 낮부터 심상치 않게 불어오던 비바람이, 저녁이 되자 낮과는 비교도 안 될 만큼 요란한 소리를 내기 시작했다. 숙소 건물의 실외 복도에 걸린 전등갓도 세찬 바람에 힘없이 날리며 시끄러운 소리를 냈다. 사이판은 워낙에 태풍이 자주 오는 곳이라 마음의 준비는 하고 있었는데, 비바람이 점차 세지니 불안해졌다. 잠시 상황을 보려고 문이라도 열면 거센 바람이 불어와 문을 '꽝' 닫아버렸다. 밤이 깊어질수록 바람은 점점 더 거칠어져서 문도 열어볼 수 없게 되었다. 방금 불어온 바람이 제일 강할 거라고 생각하면, 곧이어 앞선 바람은 맛보기라며 더 센 놈이 왔다. 바람이 거칠어질수록 빗소리는 이미 빗소리가 아니었다. 무언가를 파괴하거나 누군가를 위협하는 신호라도 되는 것 같았다.

　알 수 없는 두려움만 점점 더 커졌다.

　이런 난리 속에서도 아이들은, 언제나처럼 저녁을 맛있게 먹고, 책을 보고, 퍼즐을 하고, 샤워와 양치를 깨끗이 하고, 잠자리에 누워서 장난까지 풀코스로 해냈다. 정말로 신기했다. 이래서 아이들인 건가? 뷔페에서부터 계속해서 날씨가 사나워졌는데 바깥의 소란을 전혀 무서워하지도 두려워하지도 않고, 비바람 소리 따위가 자기들의 장난에 어떤 영향도 줄 수 없다는 듯, 내내 즐겁게 깔깔대며 놀았다. 아이들의 둔함이 오히려 고맙기도 하다.

　그런데 태풍은 장난이 아니라고 말하려는 걸까? 갑자기 전기가 안 들어왔다. 전기가 생활의 편리함만 주는 게 아니란 것을 그때 처음 깨달았다. 방 안의 불이 꺼지자 말 그대로 주변이 칠흑같이 변했고, 이전까지 느끼던 두려움은 더 이상 두려움이 아니었다. 두려움은 급기야 공포 단계로 접어들었고, 나도 모르게 긴장하여 주먹을 꽉 움켜쥐었다. 얼굴에 웃음기가 사라진 지는 이미 오래. 엄마의 긴장한 모습을 아이들이 볼 수 없어서 차라리 다행이었다.

　정신을 차리고, 향초를 찾아서 불을 밝혔다. 습도가 워낙 높은 곳이라 눅눅한 기운을 없애려고 준비해둔 것이었다. 아이들은 피곤했는지 품으로 파고들자마자 금세 잠이 들었다. 어슴푸레한 방에서 혼자 눈을 뜨고 있으니 온몸의 신경세포가 하나하나 살아나서 바깥상황을 생생하게 느끼고 있었다. 뭔가가 날아다니고 부딪치고 깨지는 소리는 계속되었다.

'도대체 무슨 상황인 거지? 내가 지금 뭘 겪고 있는 거지?'

블라인드를 살짝 들춰보니 새까만 어둠 속에서 나무들이 거의 땅에 눕듯이 꺾여서 휘청거렸고, 허공엔 갖가지 인간의 물건들이 종잇장처럼 힘없이 날아다녔다.

건너편 건물의 창문에선 더욱 비현실적인 장면이 연출되었다. 바람의 강한 압력으로 창문이 건물 안쪽으로 쑥 휘어서 들어갔다가 다시 바깥으로 밀려나는 게 아닌가.

'이게 뭐지? 영화에서나 보던 걸 실제로 겪고 있는 건가?'

갑자기 온몸에 소름이 돋았다. 태풍이 분다고 더위가 사라진 게 아닌데도, 무방비 상태에서 공포에 휩싸인 나의 몸은 갑자기 덜덜덜 떨리기 시작했다. 갑작스런 몸의 변화에 당황하여 진정하려고 해도 도저히 멈춰지지 않았다.

게다가 우리가 머물던 방은 창문이 두 개. 평상시에는 환기도 잘되고 갑갑하지 않다고 좋아했던 창문들이 바람에 밀리며 깨져나갈 듯이 흔들거리고 있었다.

'이 좁아터진 방에서 창문이 바람에 밀려 들어오기라도 하면 어쩌지? 그렇게 되면 우리 아이들은 어떻게 되지? 겨우 창문 하나로 태풍을 피하고 있는데, 그 창문마저 깨져버린다면…?'

창문은 이제 우리 방을 부숴버릴 강력한 괴물로 보였다.

지옥 같은 일이 벌어지고 있는 순간에도 아이들은 세상 누구보다 평화롭고 행복한 모습으로 자고 있었다. 그 모습을 보고 있으니 갑자기 가슴이 아파오면서 눈물이 터져 나왔다.

'아이들을 지켜야 하는 내가 아이들을 이런 상황 속에 놓은 건가? 좋은 것만 보고 겪게 해줘도 부족할 판에 이 난리통을 겪게 하는 게 나란 말인가? 무슨 일이 생기면 난 어떻게 해야 하지? 꼭 이렇게 외국으로 데리고 왔어야 했을까?…'

이 모든 상황을 만든 장본인이 바로 '나'라는 불편한 진실, 쓸데없는 내 욕심 때문이라는 생각에 이르자 숨을 쉴 수도 없을 만큼 눈물이 흘러나왔다. 아이들이 깰까 봐 팔로 입을 틀어막고 있는데도 흐느낌이 목을 뚫고 새어 나왔다. 공포와 비탄, 후회로 어깨가 들썩거리고 이내 무너져내렸다.

잠시 후, 아이들을 위해 정신을 차려야 한다는 생각이 번쩍 들었다. 와들와들 떨리는 몸을 이끌고 침대 곁으로 갔다.

세상 무엇보다 귀한 아이들. 금쪽같은 내 아이들.

아이들을 보호할 방법을 찾아야 했다. 창문이 없는 화장실로 데려가는 게 그나마 제일 안전한데, 아무 상황도 모른 채 깊이 잠들어있는 아이들이 이런 끔찍한 상황을 알게 될 것이 걱정이었다. 내가 느끼고 있는 공포감, 무서움, 불안감이 그대로 전달될 테고, 상상력이 풍부해서 더욱 두렵게 느낄지도 모를 일이었다.

'아이들을 깨우지 않고도 보호하는 방법이 뭐가 있을까?'

창문이 깨질 때 유리 파편이 튀지 않도록 하는 것이 급선무였다. 방안을 보니 얇은 이불 몇 장이 보였다.

아이들을 살짝 안아서 침대 가장자리의 벽 쪽으로 옮기고 이불을 덮어주었다. 폭신한 베개로 주변을 한 번 더 둘러서 보호막을 만들어두었는데, 갑자기 촛불이 꺼져버렸다. 다시 암흑. 아무것도 보이지 않고 그저 굉음만 방 안에 가득했다. 아이들에게 덮어주고 남은 이불 한 장을 머리에 뒤집어쓰고 아이들을 향해 앉았다.

그런데 너무나 어두웠다. 촛불이라도 켜놓으려고 다시 일어났다. 손과 발의 감각으로 주위를 살피며 주방으로 갔다. 분명 식탁 위에 성냥을 올려놓은 것 같았는데, 한참을 더듬거려도 손에 잡히지 않았다.

'아! 찾았다! 성냥!'

성냥불을 거듭 댕겨보지만, 불이 잘 붙지 않았다. 성냥 머리를 만져보니 축축하게 젖어있었다. 식탁 옆의 창틈으로 빗물이 꽤 많이 들어왔던 것이다. 창문이 꽉 막혀있는데도 비가 이렇게 들이쳤다면 다른 창문도 무사할 것 같지 않았다. 다른 편 창문 아래를 더듬어보니 역시 축축함이 느껴졌다. 현관 쪽도 더듬더듬 기어가서 확인했는데, 그곳도 빗물이 꽤 많이 들어와서 신발은 이미 다 젖어있었고, 더 있으면 방으로까지 넘칠 것 같았다.

마음이 급해졌다. 휴대폰을 찾아서 화면으로 비춰보니 아이들은 여전히 잘 자고 있었다. 이불 때문인지 살짝 땀에 젖어있었다. 손등으로 얼굴의 땀을 훔쳐주고 휴대용 부채를 살살 부쳐준 후, 다시 현관으로 향했다. 방 안에 있던 수건들과 대형 비치타월을 꺼내서 바닥의 물기를 닦아냈다.

인간은 어떤 환경에 놓이든 적응하기 마련인지, 어둠에 제법 익숙해져서 좀 전까지는 촛불을 켜고서도 잘 안 보였던 것들이 눈에 들어왔다. 여기저기 널려있던 아이들 책과 물건들을 옷장 속으로 모두 집어넣고서야 한

숨을 돌렸다.

머리맡에 있던 성경책에 손을 올려놓고 기도하기 시작했다. 두껍고 무거운 가죽 성경책을 가져올까 말까 여러 번 고민하다가 혹시나 하는 마음으로 가져왔는데, 태풍이 부는 순간에 나도 모르게 성경책에 의지하고 있었다.

'하나님, 아이들이 지금처럼 아무것도 모르고 편하게 이 밤을 보낼 수 있도록 도와주세요.'

가장 절실하게 원하는 것이 무의식중에 그냥 뱉어져 나왔다. 그 순간, 다른 것은 바라지도 원하지도 않았다. 아이들이 나처럼 태풍의 공포를 느끼지 않기를, 단잠에서 일어나 여느 때와 같이 평화롭게 아침을 맞이하기를 진심으로 바랐다. 부스스한 모습으로 환한 미소를 지으며 내 품에 안기는 모습을 간절히 그렸다.

그 와중에도 밖의 상황은 전혀 나아지지 않았다. 이 세상에 악마나 괴물이 존재한다면 저런 소리를 내지 않을까? 생각될 정도로 소름 끼치는 굉음을 낼 뿐이었다.

대자연의 위세 앞에 힘없는 존재인 내가 그 순간에 할 수 있는 일이라곤 오직 기도하는 것밖에 없었기에 더욱 간절했다. 잠시 후 마음은 한결 진정되었지만, 어쩐 일인지 눈물이 계속 흘러내렸다. 이보다 더 무시무시한 소리가 날 수 없을 것 같은 상황이 계속되던 중 사람들의 비명이 들려왔다. 뭔가가 날아가서 놀라는 듯했다.

그 후로도 바람 소리, 부딪치고 깨지는 소리, 비명은 끊이지 않고 계속되었다. 휴대폰 시계는 어느덧 새벽 4시를 향해가고 있었다. 너무 피곤해서 감각이 둔해진 것일까? 아니면 바람 소리에 이미 익숙해진 것일까? 기도 덕분에 마음이 진정되었을까?

조금은 조용해지고 가라앉은 것 같은 느낌이 들었다.

02

태양은 천연덕스럽게
다시 떠올랐다

언뜻 정신을 차리고 보니 그새 선잠이 들어있었다. 그런 난리 속에서도 잠들 수 있었다는 것에 놀라웠다. 그렇게 덜덜 떨고, 울고불고했는데 언제 잠든 것일까? 밖은 아직도 어두웠지만, 동이 트고 있는지 어슴푸레하게나마 방 안의 사물들이 보였다. 세상모르고 단잠에 취한 아이들 모습에 한결 안심되었다. 그제야 긴장이 풀리더니 온몸이 쇠몽둥이로 얻어맞은 듯 아파서 움직이기가 힘들었다. 온 힘을 다하여 침대에서 내려와 방바닥에 발을 디뎠는데, 바닥의 수건들은 창문 틈으로 들어온 빗물로 이미 흥건히 젖어있었다. 바닥을 대충 닦아내고 창밖을 보니 맹렬했던 비바람은 기세를 누그러트린 것 같았다.

생지옥 같은 시간은 이제 다 지나간 것일까? 용기를 내어 문밖으로 나가서 주위를 둘러봤다. 숙소 2층에서 바라본 광경은 처참했다. 언제나 진초록의 싱싱한 잎사귀를 자랑하던 나무들은 모두 뿌리가 뽑히고 나뭇가지가 뒤엉킨 채 쓰러져있었다. 주변의 가옥들은 모두 지붕이 날아가서 살림을 횅하게 드러내 보이고 있었다. 살림이래 봐야 이미 간밤의 난리 속에 거의 다 사라지고 몇 가지 남아있지도 않았다.

상상이나 해봤을까. 지붕이 사라져버린 집과 비바람에 몽땅 젖은 가구, 부서지고 뜯겨나가고 날아간 살림살이들을. 처참하게 망가진 일상의 모습들이 눈앞에 펼쳐졌다.

'맙소사, 이곳이 내가 어제까지 머물던 곳이 맞는 건가?'

현지인들이 하나둘 나와서 생사를 확인하듯 눈을 마주치고는, 모두가 처절히 겪었을 간밤의 사투를 아무 말 없이 위로하며 서로를 안아주고 눈물을 닦아주었다. 겨우 하룻밤 사이에 삶의 터전이 없어지고, 모든 것이 사라져버린 그들의 지치고 망연자실한 표정에 마음이 아파왔다. 이방인에게도 이 상황이 절망적으로 느껴지는데, 그들은 오죽할까. 그런데 불현듯, 이 정도로 끝난 것이 다행이라고, 그들의 깊은 절망에는 아랑곳없이 감사한 마음이 들었다.

이중적이고 이기적이게도.

주위의 인기척과 여명에 옆방에 머물던 투숙객들도 하나둘씩 나와서 간밤의 안부를 물으며 두려움에 떨었던 시간을 이야기했다. 그러다 고개를 돌려 주변을 보는 순간 누구 하나 빠짐없이 눈이 커지고, 깊은 곳에서 우러나오는 고통의 신음을 내뱉었다. 영화에서나 보던 처참한 광경을 도저히 현실로 받아들일 수 없는 듯했다. 하지만 그들도 역시 나와 같은 마음으로 안도감을 느꼈으리라.

1층은 2층에서 보던 모습과는 또 달랐다. 1층으로 내려가는 계단은 3층 창문이 강풍에 깨지며 떨어진 유리 파편들로 뒤덮여있었고, 1층 입구에 있던 화분과 장식품들은 모두 사라졌다. 건물 밖으로 천천히 한 걸음씩 내디딜수록 망가진 모든 것들이 눈에 들어왔다.

　뒤집힌 트럭, 뿌리 뽑힌 전봇대, 아예 누워버린 나무들과 도로를 뒤덮은 수많은 파편들. 사방을 둘러봐도 제대로 남아있는 것이 하나도 없었다. 더는 놀랄 것이 없을 것 같은데도 놀라운 광경들이 계속되었다. 머리를 얻어맞은 듯 멍한 채, 주차장 쪽으로 향했다. 자동차도 하나같이 모두 파손되어있었다. 한숨을 쉬며 숙소로 올라와 보니 아이들은 아직도 자고 있었다.

　이 아이들의 '절대 수면 능력'에 피식 웃음이 나왔다.

　아이들 얼굴을 가만히 어루만져주고 있는데, 승희가 먼저 눈을 떴다. 그리고는 팔을 뻗으며 안아달라는 무언의 메시지를 보냈다.

　'아가야, 너를 이렇게 안을 수 있어서 얼마나 행복한지 모르겠다. 내 아가야.'

　조심스레 승희를 일으켜서 그 조그마한 몸을 내 품에 포옥 안았다. 보드라운 얼굴과 실낱같이 나풀거리는 가느다란 머리카락, 보송보송한 아기 냄새에 마음이 편안해졌다. 승희의 작고 오동통한 손에 뽀뽀를 쪼옥 해줬더니 나와 눈을 맞추며 깔깔거리고 웃었다.

　승희의 웃음소리에 우성이도 잠에서 깨어났다. 흠흠 소리로 목을 가다듬으며 잠을 힘겹게 떨쳐내더니 "Good Morning, Mommy." 하고 아침인사를 했다. 정말 꿀잠을 잔 듯한 표정이었다.

"잘 잤어? 간밤에 태풍이 불어서 지금 난리야. 밖에 나가볼래?"

"네? 태풍이요? 정말요? 저는 아무 소리도 못 들었는데요?"

우성이는 태풍이란 말에 깜짝 놀라며 잽싸게 일어나 문밖으로 나갔다. 바깥을 본 우성이의 표정은 어리둥절, 그 자체였다. 이 상황이 아직 뭐가 뭔지 잘 모르는 듯했다.

"왜 지붕이 없어졌어요? 나무는 왜 다 뽑혀있고요? 차들은 왜 또 바닥에 뒹굴어요? 사람들은 왜 다들 나와 있어요? 그렇게 태풍이 불었는데 저는 왜 아무 소리도 못 들었어요?"

대답할 새도 없이 질문이 연달아 흘러나왔다. 아무래도 우성이는 태풍이 왔다 갔다는 것이 믿기지 않는 듯했다.

"집이 다 망가져서 이제 어떻게 해요? 지붕도 없는데 사람들은 잠을 어디서 자요?"

어린 마음에도 좋지 않은 상황이라는 걸 눈치챘는지 가라앉은 목소리로 질문을 이어갔다. 하나씩 하나씩 설명을 해줬는데, 아무래도 우성이는 제 눈으로 직접 확인하고 싶은 듯 1층으로 내려가 보잔다. 한 팔로는 승희를 껴안고 한 손으로는 우성이 손을 잡은 채 조심스레 계단을 내려갔다. 다시 봐도 실감이 나지 않는 듯 우성이는 한참을 심각한 표정으로 주변을 두리번거렸다.

부러진 나뭇가지를 줍기도 하고 널브러진 물건들을 옮겨놓기도 하며 돌아다니다가 갑자기 멈춰 서더니, 빗물 가득한 웅덩이 속에서 무엇인가를 주워왔다. 아이 손에 들려있는 것은 아주 조그마한 카키색 장난감 비행기였다. 강풍에 어디선가 날아왔으리라. 한참을 쭈그리고 앉아서 비행기를 이리저리 살피는 우성이. 태풍의 흔적을 보는 것보다 지금 당장 눈앞에 있는 비행기가 우성이의 제일 큰 관심사가 된 듯했다.

　잠시 후, 우성이는 장난감 비행기를 손에 꼭 쥔 채 숙소로 돌아가자면서 혼자 바쁘게 걸어나가기 시작했다. 우성이의 뒷모습을 보니 피식 웃음이 나왔다. 태풍에 피해를 입은 사람들을 걱정하거나 앞으로 우리가 여기서 어떻게 지낼 수 있을까…, 대충 이런 말이 나올 거라고 생각했던 나에게 아들의 뒷모습은 말하고 있었다.

　'Mommy, I'm only 7 years old. 나 이제 겨우 7살이라고요.'

　종종 나이와 어울리지 않는 질문을 하고 어려운 책도 곧잘 읽곤 하는 우성이. 하지만 그 아이는 딱 그 나이 또래의 생각과 행동을 한다. 기대와 다른 모습에 가끔은 답답하기도 하고 화날 때도 있었지만, 지금은 그게 너무나 다행이었다.

　'그래, 아들아. 답답한 상황은 엄마가 감당할 테니 넌 그냥 작은 장난감에 눈을 돌리고 그것에서 재미를 느끼렴.'

　우연히 주운 장난감 비행기 하나에 행복해져서 앞서가던 우성이가 갑자기 뒤돌아보며 씨익 미소를 지었다. 홑꺼풀인데도 커다란 눈에 동그란 눈동자, 선해 보이는 눈꼬리를 가진 우리 우성이, 아기 때부터 눈을 마주칠 때마다 방긋방긋 잘 웃던 그 아이가 나를 보고 웃었다.

　사이판에 태양은 다시 떠올랐고, 내 마음에도 태양이 떠올랐다.

03

잊고 지낸 일상의
소중함

극한의 밤은 지나가고, 태풍이 휩쓸고 간 이후의 생활에 적응해야 했다. 가장 불편한 건 바로 전기와 물. 이것들 없이 생활하기가 얼마나 힘든지, 이것들로 인해 얼마나 풍요롭게 살아왔는지 생각이나 했겠는가! 한국에서 반나절 정도의 단수와 정전을 겪은 적은 있지만, 사우나에 가거나 근처 식당에서 간단히 한 끼를 해결하면 되는 불편함이었다. 이곳의 문제는 반나절에 끝날 상황이 아니라는 것이었다. 도미노처럼 획획 쓰러져있는 전봇대만 봐도, 누구도 금방 복구되리라고 생각할 수 없는 상태. 현지인들조차 복구에 얼마나 걸릴지는 전혀 예상할 수 없다고 하니 피해가 얼마나 컸는지 알 수 있으리라. 20년 넘게 사이판에서 살아온 교민도, 서른 넘은 현지인도 이렇게 무서운 태풍은 처음이라며 다들 이번 태풍의 위력에 치를 떨었다.

상상해보라. 대한민국 전체가 물과 전기가 끊겼다고 하면 얼마나 아수라장이 될 것인지. 사이판도 마찬가지였다. 물과 전기가 대부분 중단된 상황이라, 현지인들부터 관광객들까지 마트로 모여들면서 전쟁터가 따로 없었다. 사람들은 물과 식료품을 미리 사놓으려고 판매대 앞으로 늘어섰고, 제 차례가 오면 하나라도 더 사려고 고군분투했다. 나 또한 물과 식료품을 사려고 여러 번 분주히 움직여야 했다.

이렇게 서두른 덕에 먹을거리는 어느 정도 준비했지만, 또 다른 문제는 전기였다. 태풍이 물러나고 다시 더위가 찾아온 8월, 한여름의 사이판에서 선풍기조차 쓸 수 없는 상황에 놓인 것이다.

그것은 어른인 나에게도, 아이들에게도 너무나 힘든 상황이었다.

문제는 또 있었다. 다름 아닌 화장실. 어른들이야 어떻게든 조절한다 해도, 아이들이 어떻게 하겠는가. 특히나 소화기관이 탁월하게 발달해서 하루에도 두 번씩은 꼭꼭 큰 일을 치르는 아이들이 우리 아이들이다. 일찍 기저귀를 뗀 승희에게 어쩔 수 없이 기저귀를 채워놓았으니, 냉방도 안 되는 상황에 오죽 불편하고 답답했을까.

하지만 우성이에 비하면 승희는 그나마 쾌적한 상황이었다. 아기 때부터 아침, 저녁으로 볼일을 보던 아이가 참고 참다가 눈치를 보며 화장실에 가고 싶다고 어렵사리 말을 내뱉었는데, 그 순간 나도 모르게 얼굴이 얼음장처럼 차갑게 굳어버렸다. 어려운 일인 걸 알면서도 나는 일곱 살 어린 아이에게 조금만 더 참아보라며 억지를 부렸고, 결국 물도 못 내리는 변기에 볼일을 보게 된 아이는 나에게 미안해하며 다음에는 최대한 참아보겠다고 말했다.

그 말을 들은 순간, 아이에게 짜증을 낸 내가 어찌나 야속하던지.

아이들을 사이판에 데리고 올 때는 나름의 사명감이 있었다. 넘치는 삶보다는 부족한 삶을 알게 해주자고 말이다. 그런데 막상 그런 생활에 직면하자 의문을 가지게 되었다.

'아이들에게 왜 굳이 부족함을 알게 해주려고 했을까? 정작 나 자신도 못 견디면서. 괜한 겉멋을 부리며 나는 뭔가 다르다고 말하려 한 것은 아닐까? 내가 원한 것이 이런 것이었나?…'

아이들에 대한 미안함과 죄책감은 계속해서 커졌지만, 아무런 답도 찾지 못한 채 끝없는 생각과 질문들이 내 머릿속에서 맴돌고, 맴돌고, 또 맴돌았다. 땀을 뻘뻘 흘리고 있는 아이들에게 하염없이 부채질을 해주며 시간이 빨리 지나기만을 바랐다.

마음 한쪽은 바스라지는 듯 먹먹해졌다.

힘든 시간을
긍정적인 시간으로

전기와 물이 오전에 두 시간, 오후에 두 시간 나누어서 공급되기 시작했다. 그 시간이 되면 아이들을 재빨리 샤워시키고 청소하고 설거지를 했다. 물이 너무 귀해서 샤워하고 난 후의 물이나 손만 씻은 물은 커다란 통에 모았다가 빨래를 하고, 다시 그 물을 모아서 변기 물로 썼다. 소나기라도 내리면 빗물을 통에 받아두며 나름의 생활 노하우를 쌓아가기도 했다. 하지만 더위와의 싸움은 온종일 계속되었다.

외국을 여행하면서 이런 일에 대한 걱정과 두려움은 항상 존재했다. 그런 내 앞에 태풍은 제 모습을 드러냈고 나는 망연자실했다. 신기하게도 아이들은 아무렇지도 않게 현실에 적응했다. 물이 없으면 없는 대로, 씻지 못하면 못하는 대로, 어설프게 밥을 내놔도 또 그런대로…, 투정을 날리면서도 웃음을 잃지 않았다. 에어컨이 안 나와 숙소 통로에 돗자리를 깔고 앉아서도 항상 이야기꽃을 피웠다.

아이들은 그렇게 힘든 시간을 긍정적인 시간으로 바꾸어가며 의연하게 버텨주었지만, 우성이는 단 한 가지를 못 견뎌 했다. 밤에 마음껏 책을 못 읽는다는 것. 언제 어디서든 틈나는 대로 책을 읽고 하루의 마무리도 책으로 하는 것이 그 아이만의 생활방식이자 즐거움인데, 해가 떨어지면 어둠이 사이판 전체를 뒤덮는 통에 여의치 않아졌기 때문이다.

도저히 책의 유혹을 뿌리치기 힘이 들었는지 어느 순간부터는 식탁위에 촛불을 여러 개 모아놓고 그 아래에서 책을 보기 시작했다. 흐린 촛불에 기댄 우성이는 어느새 어둠의 불편함 따위는 안중에 없었다. 글을 따라 이동하는 눈동자와 책장을 넘기는 손가락, 책에 집중할 때 찌푸려지는 양미간 외에는 어떤 움직임도 없이 혼자만의 시간에 빠져들곤 했다.

일곱 살 우성이의 여름이 그렇게 흘러갔다.

현지인들은 뜨거운 땡볕 아래에서도 태풍에 뜯겨나간 집을 이웃과 함께 품앗이로 고치며 생활 터전을 조금씩 재정돈해나갔다. 뼈대만 남게 된 집이 제자리로 돌아오기까지 오랜 시간이 걸릴 터인데, 그들은 생각보다 의연하고 담담하게 받아들였다. 약간의 생활보조금과 구호물품이 있다 한들 내 몸을 누이던 보금자리, 내가 아끼던 물건들과 같겠는가. 하루아침에 그 모든 것이 날아가 버렸는데도 현실에 순응하는 그들의 모습이, 조금은 낯설고 조금은 신기하게 느껴졌다.

나라면 절대 그렇게 받아들이지 못했을 것이다. 분하고 억울해하고 좌절하고…, 내가 느낄 수 있는 감정의 비참함을 모두 폭발시키며 하루하루를 보냈을지도 모르겠다. 아무리 태풍 때문이라도 말이다.

그들은 달랐다. 지치고 피곤해 보이는 표정을 지으며 '어차피 겪게 된 일, 감정 소모는 아무 소용 없다'는 듯 재빨리 받아들였다. 내 눈엔 그들이 참 답답하고 미련하게만 보였다.

이방인이면서 현지인 흉내를 내며 살아가던 어느 날이었다. 햇살이 맹렬하게 내리쬐는 한낮, 달궈진 양철지붕 위에서 집을 고치던 이웃은, 내려가서 쉴 엄두도 못 낼 만큼 지쳤는지 지붕에 앉아서 쉬고 있었다. 젖은 수건으로 열기를 식히고 있던 내가 다 쾌적하게 느껴질 정도로, 그는 무척 덥고 측은해 보였다. 그는 좀 전까지 못질을 하던 곳에 눈을 고정한 채 그대로 동상처럼 멈춰있었다. 그렇게 꼼짝도 안 하던 그가 다시 호흡을 가다듬더니 얼굴에 잔뜩 힘을 주며 못질을 하기 시작했다. 그 모습을 보며 의아했다.

'내려가서 편히 쉬지 않고 왜 저렇게 땡볕 아래에 있는 걸까? 쉬려면 확실하게 쉬어야지. 저게 뭐야. 저렇게 하다가는 일 년 열두 달이 지나도 끝내지도 못하겠어.'

그러고 보니 사이판엔 그와 비슷한 표정의 사람들이 많았다. 숙소 직원도, 좌판을 벌인 아주머니도 그렇게 환하게 웃다가도 혼자 있을 때면 움직임도 없이 눈만 껌뻑껌뻑하며 시간을 보내곤 했다. 저런 모습이 그들만의 삶의 방식인 것일까?

뭐랄까, 아날로그적이고 한없이 느려 보이는 그들.

하지만 바삐 움직여야 좋다는 건, 또 누구의 시선인가. 우리에게도 그런 시절이 있었다. 제 속도대로 느리게 흘러가는 것과 정직한 노동을 가치있게 여기던 시절 말이다. 하지만 풍요로운 시절에 도취한 우리는 정직한

사고와 행동의 가치를 모두 망각해버린 것 같다. 과거는 그저 과거일 뿐이라고, 지금 세상이 최고이고 안전하다고 믿으며 많은 것들을 애써 외면하고 있다.

조금만 속을 들여다보면 여전히 제대로 보인다. 나의 세상도 있지만 다른 세상도 있고, 모두 다 다른 색을 띠고 있다. 고작 한두 달 머문 것으로 그들을 다 알 수 없고, 잘난 체하면서 그들을 평가해서도 안 된다. 모든 것엔 자신만의 속도가 있다.

나는 나의 아집을, 우물 안 개구리 같은 편협함을 인정하기로 했다. 그렇게 인정하고 나니 그들의 삶이 눈에 들어오기 시작했다.

느릿하고 미련한 듯해도, 자신만의 속도로 가는 현명한 그들이.

05

마침내 찾은
콩알의 정체

우성이는 아주 어릴 때부터 책과 자연을 친구로 두었다. 그러다 보니 언어에 대해서도 어떤 편견도 없이 자연스레 받아들였고, 말문이 트일 돌 즈음부터 영어와 한국어를 똑같이 구사하는 아이가 되었다. 그런 아이를 키우게 된 나름의 육아법을 엮어서 책을 출간하게 되었고, 크고 작은 강의도 다녔다. 아이와 함께 잡지나 방송에 출연했고, 영재 프로그램에서 연락을 받은 적도 여러 번이었다. 우성이에게 영재나 신동이라는 수식어를 붙이며 주목하는 사람들도 있었다.

부정적인 시선도 없진 않았다. 제 딴엔 강단이 있는 성격이라고, 그런 시선에 흔들리지 않는다고 자신했는데 사실은 그렇지 못했다. 사람들은 내 아이에게 조금의 틈도 허락하지 않았다. 아이와 어울리지 않는 높은 기대치를 만들어놓고, 아이가 장난을 치기라도 하면 잘못한 것처럼 과장되게 평가했다. 웃음 많고 장난기 많은 일곱 살 어린 소년일 뿐인데 말이다. 내가 정

말 자랑스러워하는 우성이의 성품에는 관심조차 주지 않으면서 무조건 영어 하나만 보고 아이를 평가하는 것이 어느 순간부터 굉장히 억울해졌다. 그릇된 기대심리와 평가, 편견 어린 시선들로부터 아이를 보호하고 싶었다.

우성이가 자신도 모르게 쓰고 있는 '똑똑한 아이'라는 허울에서도 벗어나게 하고 싶었고, 네가 하는 영어는 특별한 게 아니라 그저 생활을 위해 자연스럽게 쓰는 말일 뿐이라고도 알려주고 싶었다.

솔직히 말하면 나 또한 '영재 엄마, 아이 잘 키운 엄마'라는 부담스러우면서도 시샘 가득한 타이틀에서 벗어나고 싶었다. 아이를 키우는 데 정답이 어디 있겠는가. 단지 내가 직접 경험해본 방법을 공유하고자 한 것뿐인데, 사람들은 한 번도 제대로 시도하지 않고 야박하게 평가했다.

그런 속앓이들은 어디 풀어놓을 수도 없는 짐이었고 응어리였다.

괜찮다며 아무렇지 않은 척 넘겨왔지만, 실제로는 평정을 가장한 채 이리저리 휘청거리고 있었다. 결국엔 내가 감당해야 할 몫이었고, 앞으로도 내가 짊어져야 할 무게들이다. 그것들이 나를 사이판으로 이끌었던, 그토록 나를 불편하게 했던 콩알의 정체였다.

그런데 놀랍게도 하룻밤 사이에 홀가분해졌다. 나를 힘겹게 하던 쓸데없는 감정들, 질질 끌면서 감정을 갉아먹던 모든 것들이 태풍이 불어닥친 그날 밤에 말이다. 혹시나 내가 아이들을 못 지키게 될지도 모른다는 두려움, 다 필요 없고 오직 내 새끼들만 지키면 된다는 어미의 단순한 본능, 온몸을 부들부들 떨게 하던 공포의 순간이, 나를 무겁게 짓누르고 있던 감정의 쓰레기들을 치워버렸다. 그따위는 아무것도 아닌 일로 생각하게 되었다.

그랬다. 다른 이들의 생각과 말들에 내가 마음 쓸 필요도 없고, 흔들려서도 안 되는 것이었다. 나는 그저 나의 시간에, 나의 인생, 나의 행복에 충실하면 되고, 다른 이들이 내 인생에 관여할 힘도, 이유도 없다는 것을 깨달았다. 아이에게도 더욱 객관적인 시선을 가지게 되었고 평정심을 유지할 수 있게 되었다.

감정의 무게에 휩싸이기 전에 내가 그랬던 것처럼.

아이가 나에게 알려준 감정들이 다시 살아났다. 내가 먹는 것이 아닌데도 내 아이 입으로 음식 들어가는 것이 얼마나 기쁜 일인지, 엄마를 부르며 통통한 손을 뻗어 안아달라고 하는 모습이 얼마나 사랑스러운지, 잠결에 눈도 제대로 못 뜨면서도 엄마에게 환하게 미소를 지어주면 얼마나 행복해지는지, 아프기라도 하면 옆에서 지켜보기가 얼마나 가슴 찢어지는지, 작은 기침 소리 한 번으로도 어미의 가슴은 얼마나 철렁 내려앉는지…. 비로소 아이가 내 눈에 들어오기 시작했다.

머릿속 세상보다 항상 몸과 마음이 느리게 움직이지만, 평범함 속에서도 빛나려고 노력하는 아이가 내 아이다. 자신만의 우직함으로 한 발짝씩 나아가고 있고, 자신의 속도대로 시간을 채워나가고 있는 아이가 내 아이다. 나는 그 아이가 힘겨운 상황에 쓰러지거나 상처를 입을 때, 아이에게 희망을 주는 말을 할 것이고 기운 내라고 물을 떠다 먹일 것이다. 남들의 시선으로 어설픈 족쇄가 채워지지 않도록, 스스로 올곧고 강하게 자라나도록 나무처럼 묵묵하게 아이 곁을 지켜줄 것이다.

고작 그런 것들이 내가 할 수 있는 전부라도 기쁘게 할 것이다.

많은 것이 빠르게 변하고 많은 것이 흘러넘치는 세상이지만, 가장 귀한 진실과 진리는 결코 변하지 않는다. 이런 단순한 진리를 잠시 잊고 있던 나는, 다른 시간과 다른 공간 속으로 옮겨온 후에야 다시 이를 깨달을 수 있었다. 그러면 된 것이다.

행운이라면 행운일 것이다.

06

그래, 우리 다음에
꼭 다시 오자

아이들과 주로 시간을 보내던 바닷가는 강풍에 꺾여서 날아온 나뭇가지와 여러 파편이 모래와 뒤섞여 걷기조차 힘들게 변했다. 전봇대가 쓰러지고 도로가 온통 부서지면서 드라이브도 한동안은 전혀 할 수 없었다. 어디 들어가서 구경할 곳도 없었다. 어딜 가나 전기와 물이 부족해서 숙소보다 더 불안하고 불편했다.

상황을 알게 된 남편은 더 힘들어지기 전에 돌아오라고 연락을 해왔다. 아이들이 겪는 불편을 들으면 당연한 일이다. 주변에서도 하나둘씩 짐을 싸기 시작했는데, 그 와중에도 나는 설마 복구가 그렇게까지 늦어질까? 생각했다. 아무리 작아도 미국령인데, 일주일이면 급한 대로 전기와 물은 복구되지 않을까 하는 안일한 기대심리가 있었던 것이다.

현실은 기대와는 달랐다. 마트에서는 여전히 물을 사기 위해 줄을 섰고, 주유소에서도 백 미터는 족히 될 정도로 주유할 차들이 늘어섰다. 공항

마저 한동안 폐쇄를 해서 더욱 난리통 속.

복구의 시계는 여전히 불투명했다.

얼마 후, 비행기가 뜰 수 있게 되고부터 나는 며칠을 심각하게 고민했다. 떠날 것인가, 머무를 것인가에 대해서. 왜 고민을 했는지는 나도 모르겠다. 그런 상황이면 당연히 귀국해야겠지만, 왠지 나는 그렇게 쉽게 짐을 꾸리지도 못하고 있었다. 안갯속에서 길을 헤매는 사람처럼 정신줄을 놓고 지내던 어느 날, 아이들을 보니 그간의 고민이 한 번에 정리되었다.

'그래, 지금이 한국으로 돌아가야 할 때야. 이 정도 고생했으면 됐어. 무엇을 더 느끼고, 무엇을 더 배우겠다고. 우리는 충분히 즐거웠고, 여유로웠어. 낯선 이들과 함께하며 문화의 충돌도 느꼈고, 또 그 충돌을 자연스럽게 융화해냈지. 무엇보다도 아이들이 이런 고생까지 겪고 견뎌냈잖아.'

작고 소박한 사이판에서 풍요롭지 않은 시간을 보내면서도 아이들은 서로에게 더욱 좋은 남매가 되었고, 나와 아이들의 유대감도 어느 때보다 강해졌다. 나에게도 이 정도면 된 듯했다. 낯선 타국에서도 긴장을 늦추지 않고 바쁘게 아이들을 돌봤다. 나만의 것이 무엇인지, 내가 무엇을 생각하며 살고 있는지, 내가 원하는 삶이 무엇인지에 대해 오롯하게 고민했고, 그에 대한 답도 찾았다. 더 머물지 않아도 후회 없으리라는 생각이 들자 이곳에 더 머무를 이유가 없어졌다.

결심하고 나니 모든 것은 일사천리로 진행되었다. 비행기 시간을 확인하고 그에 맞춰서 짐을 정리하기 시작했다. 올 때는 너무 많은 짐들로 주체 못 할 정도였는데, 그 많던 짐들이 어디론가 다 사라지고 가뿐해졌다.

짐의 무게가 줄어든 만큼 무거웠던 마음도 한결 가벼워졌고, 마음속에 끼어 있던 기름기가 어느새 빠지고 있었다.

비행기 좌석을 예약하고 아이들에게 이제 곧 한국으로 돌아간다고 말했다. 물과 전기도 잘 안 나오는 이곳을 떠나 쾌적한 한국으로 간다고 하면 폴짝폴짝 뛰면서 좋아할 줄 알았는데, 우성이가 커다란 눈동자를 껌뻑이더니 급기야 울음을 터트렸다. 전혀 예상 못 한 반응이었다. 눈물이라니…. 급작스러운 아이의 울음에 당황한 나머지, 뭐라 말도 못 하고 조용히 안아주었다.

한참을 울던 아이에게 물어보았다. 왜 우냐고, 뭐가 그리 슬프냐고, 무엇이 우성이 너를 이렇게 울게 만든 거냐고. 대답은 너무 단순했다. 사이판 바닷가에서 더 놀고 싶은데 못 놀아서 슬프고, 마나가하 섬에 한 번 더 가고 싶은데 못 가서 눈물이 나고, 잠수함 타기로 했는데 태풍 때문에 못 타서 속상하다고. 웬일인지 자기는 사이판이 참 좋아서 더 머물고 싶다며 내 품에 안겨서 엉엉 울음을 터트렸다. 아빠가 안 보고 싶은지 물으니, 아빠는 너무나 보고 싶지만, 사이판에서 더 있고 싶은 것을 어떻게 하냐며 속상한 마음을 한없이 드러냈다. 오빠가 그렇게 서럽게 울고 있으니 둘째도 덩달아 울었다.

아, 이런…. 우성이의 순진무구한 대답이 너무나 어이가 없고, 그런 이유로 우는 걸 보니 크려면 아직 멀었구나 싶으면서도, 이렇게 아이다운 모습을 가지고 있어서 참 고맙고 사랑스러웠다. 아이들을 양팔로 꼬옥 껴안고 달래주었다.

"우리, 사이판에 다시 오자. 지금은 우리 예쁜 아기들이 잘 씻지도 못하고, 책도 마음껏 못 읽고, 맛있는 것도 제대로 못 먹어서 힘들잖아. 그러니까 사이판에 물이랑 전기가 잘 들어오고 나무들도 아름답게 자라나면 그때 다시 오자."

한참을 어깨까지 들썩이며 울던 우성이가 마음이 조금 진정됐는지 다시 한 번 나에게 다짐을 받아냈다.

"엄마, 다음에 꼭 와서 오래오래 있다가 가요."

"그래, 그러자. 그때는 더 재미있게 놀다 가자. 더 많이 돌아다니고 수영도 더 많이 하고, 마나가하 섬도 더 자주 가고, 사이판 구석구석 다 돌아다니자. 아침부터 밤까지 신나게 돌아다니자. 이리저리 친구들도 더 많이 만들고, 친구들 연락처도 꼭 주고받고 친하게 지내자. 그때는 승희도 조금 더 클 테고, 우성이는 힘도 더 세질 테니까 더 즐거울 거야. 망고 따 먹을 수 있는 6월에 올까? 조금 시원해지는 겨울에 올까? 댄서 누나들, 우든커터 할아버지도 만나면 반갑게 인사해야겠다. 장날에는 맛있는 것도 더 많이 사 먹고, 공연도 끝까지 보자. 우리 정말 바쁘겠다…."

나에게인지, 아이들에게인지 모를 말들을 되뇌며 다음을 기약했다.

07

아이는 추억을
마음속에 담는다

한국에 있을 때는 무엇이든 많은 것이 좋았다. 음식도 많이 먹고, 많이 움직이고, 많이 보고, 많이 느끼며 살아야 한다고 생각했다. 사이판에서의 한 달, 소박하고 단출한 시간을 거치며 내 마음도 그렇게 단출하게 변했다. 적게 먹고 적게 움직여도 괜찮았고, 많이 돌아다니지 않고 한곳에 머물러있어도 좋았다. 많은 것을 느끼지 않아도 더 깊이 바라보고자 하는 마음이 생긴 것이다.

아이들은 더 많이 느끼고 배웠으면 하는 욕심이 여전히 남아있었지만, 그렇다고 억지로 할 수 없다는 것도 알았다. 어느 순간부터인지 모르겠지만, 자연스레 톱니가 맞아들어가는 느낌이었다. 서걱거리고 삐걱거리던 톱니들이 한결 부드러워진 느낌. 그랬기 때문에 가방을 싸기가 쉬워졌다. 끝까지 짊어지려던 물건, 욕심 같은 것들이 어느 순간 손가락 사이로 모래가 빠져나가는 것처럼 스르르 사라졌기 때문이다.

짐을 정리하면서 참으로 고마웠다. 딱 꼬집어 누구라고 말할 순 없지만, 막연하게 그 누군가에게 고마웠고 감사했다. 여유로운 시간을 보내면서도 항상 알 수 없는 불안감과 허전함에 휩싸여있던 나는, 어쩌면 며칠간의 생사를 넘나드는 듯한 경험으로 뒤늦게 철이 들었는지도 모르겠다.

아쉽게도 그 '철'이라는 것이 한국에서 잽싸게 무너졌지만.

귀국 전날, 짐 정리를 마무리하고 나니 시간은 어느덧 늦은 오후가 되었다. 마지막으로 아이들과 드라이브를 하러 나갔다. 여전히 도로 상황이 좋지 않았지만, 떠나기 전에 아이들과 다시 한 번 돌아보며 지난 시간을 마무리하고 싶었다. 아쉬운 마음을 눈치챘는지 부슬부슬 비가 내리기 시작했다. 평상시처럼 금세 멈출 줄 알았는데 웬일인지 빗방울이 계속 굵어졌다. 자주 가던 해변 두세 곳과 놀이터를 잠깐씩 돌아본 후, 사이판 전체가 내려다보이는 캐피탈 힐로 향했다. 캐피털 힐에서 본 사이판 전경은 태풍으로 다 망가진 모습인데도 여전히 아름다웠다. 사이판 바다의 아름다운 비취색이 안 보이고, 선명히 보이던 마나가하 섬이 뿌연 물안개 뒤로 자취를 감췄지만 그래도 좋았다.

'사이판, 이곳에서 나는 얼마나 많은 생각을 했고 얼마나 많이 성장했을까.'

떠날 시간이 다가오자 마음이 차분해졌다. 한 달이라는 기간은 생각보다 짧았고 단순했으며, 반면에 또 다채로웠다. 무엇인가에 의해 구겨져 있던 나의 마음은 아이들의 밝은 모습을 보며 예전처럼 펴졌다. 무거운 책임감만으로 엄마라는 자리를 온전하게 지킬 수 없다는 것을 깨달았고, 그

책임감의 무게는 결국 아이들에 대한 사랑으로 견뎌낼 수 있다는 단순한 진리를 다시금 확인했다.

나는 그렇게 굳어있던 내 입가에서 미소를 찾아올 수 있었다.

비는 점점 더 짙은 안개를 만들어내고, 조금씩 어둠이 깔리기 시작하면서 더 이상 사이판의 전경이 보이지 않았다. 우산도 없이 비를 맞으며 잠시 생각에 잠겨있던 나는 심호흡을 한번 들이키고 차 안에 있는 아이들을 돌아보았다. 방금 전까지 오빠와 장난을 치고 있던 승희는 어느새 잠이 들어버렸고, 우성이는 동생이 잠들고 나서 심심했는지 책을 읽고 있었다. 귀여운 아이들. 엄마의 시간을 방해하지 않고 기다려준 고마운 아이들.

겨우 한 시간 남짓 돌아다녔는데, 벌써 날이 저물고 있었다. 잠시간 나만의 사색을 마치고 다시 엄마로 돌아가야 할 순간이었다. 몸에 묻은 빗물을 손으로 툭툭 털어내며 차 안으로 들어갔다. 공기가 포근했다.

"우성아, 사이판에서 더 가고 싶은 곳 있어? 내일이면 돌아가는데 더 가고 싶은 곳 있으면 말해봐."

혹시나 하는 마음에 물었다. 우성이는 책에서 시선을 들어 눈을 맞추더니 간단하게 대답했다.

"아니요. 없어요. 방금 돌아봤잖아요. 그리고 안 가봐도 다 알아요. 생각하면 어느 곳을 갔었는지 그대로 다 기억이 나는걸요."

맞는 말이었다. 눈으로 안 봐도 생각하면 다 떠오른다는 말. 엄마는 눈으로 기억들을 담아놓으려 했는데, 아이는 마음속에 담고 있었다. 맞다. 소박하지만 소중한 우리의 추억들을 마음속에 선명하게 담으면 되는 거였

다. 건망증 심한 엄마는 잠시 잊고 있었던 삶의 단순한 해답을 아이에게서 다시 복습했다.

언제나 중요한 건, 예습보다는 복습이다.

08

다시,
일상

　　마지막 아침. 숙소를 정리하고 잠시 물이 나오는 동안 재빠르게 샤워를 하며 떠날 준비를 마쳤다. 짧지 않은 기간, 정을 나눈 이들과도 작별 인사를 했다. 숙소 주인과 직원, 하루에 한 번씩은 들르던 마트의 직원들…. 특히 항상 아이들을 귀여워해 주던 캐셔에게 한국으로 돌아간다고 하니 상냥한 얼굴이 금세 서운함으로 가득 찼다. 언제 다시 오는지 물어보는데 대답을 할 수가 없었다. 그녀는 곧 다시 보자며, 아이들을 한동안 아쉬운 눈빛으로 바라보았다. 자주 마주치던 동네 주민들에게도 가벼운 인사를 하고 숙소로 돌아와서, 태풍 직전에 숙소에 온 한국인 가족들과도 인사를 했다. 며칠 함께하진 못했지만, 많은 이야기를 나누며 정이 들어서 서운함이 더했다.

　　공항 가는 택시는 부른 지 얼마 지나지 않아 도착했다. 택시를 타기 전에 마지막으로 숙소와 주변을 한 번 쭉 돌아봤다. 어느새 정든 공간들.

　　하지만 떠나야 할 때가 왔다.

공항 가는 길에 바라본 하늘은 추적추적 비가 내리던 전날과 달리 사이판 특유의 푸르고 쨍한 빛깔을 보여주었다. 시야에 들어온 것들을 단 하나도 놓치고 싶지 않았던 나는, 공항까지 가는 내내 눈을 부릅뜬 채 창밖을 보고 또 보았다.

공항에 도착해 탑승권을 받고, 비행기를 기다리다가 지루해질 때쯤 비행기에 탑승했다. 아이들은 비행기에 타자마자 뭐가 그리 피곤했는지 잠이 들었다. 나도 함께 잠을 청해보지만, 눈만 뻑뻑할 뿐 잠은 오지 않았다.

눈을 감고 지난 여행을 회상해보았다. 사이판으로 올 때의 마음속에는 뭔지 모를 기대심과 말 못할 쓸쓸함으로 가득 차 있었는데, 한국으로 돌아가는 순간에는 홀가분하면서도 아쉬운 마음만 남아있었다. 사이판 여행은 내 감정의 색을 미묘하게 바꿔놓았다. 이곳에 오지 않았다면 아마도 한참은 더 걸렸을 감정의 변화였다. 사이판 구석구석을 다 생각하고 그리워하며 훑어보니 작고 사소한 것들까지도 다 기억이 났다.

사이판에서의 시간들이 행복한 추억으로 전환되고 있었다.

그렇게 잠시 눈을 감고 있었는데, 어느새 한국에 도착했다. 특유의 부산스러움, 빠릿빠릿함과 깔끔함이 펼쳐지고, 나와 두 아이를 바라보며 환하게 웃고 있는 남편의 얼굴이 보였다. 딱 한 달 만에 우리 가족이 다시 하나로 완성되었다. 서로 안아주고 쓰다듬어주고 누가 먼저 말을 많이 할 수 있는지 내기라도 하는 것처럼 시끌시끌 왁자지껄하게 떠들고 웃어댔다.

여행 후의 일상은 다시 이렇게 익숙하고, 포근하게 찾아왔다.

떠날 수 있는 용기 하나면
충분하다

한국에 귀국한 다음 날부터 곧바로 일상에 복귀했다. 한 달 동안 한국을 떠났던 걸까 헷갈릴 정도로 모든 것이 빨리 제자리로 돌아왔고, 여느 때와 다름없이 생활했다.

얼마간의 시간이 흐른 후, 사이판에서 무엇이 제일 기억에 남았는지 우성이에게 물었다. 아이는 단 1초의 망설임도 없이 태풍과 마나가하라고 대답했다. 자기가 머물렀던 곳을 회상하는 듯 한동안 말이 없더니 다시 그곳에 가고 싶다고 했다. 태어나서 처음으로 태풍을 직접 맞으며 생고생을 했는데도 아이는 그곳을 그리워했다. 다시 물어보았다.

"그곳이 왜 다시 가고 싶어? 뭐가 제일 좋았는데?"

"그냥 재미있었어요. 바다도 좋고 물놀이도 좋고 마나가하 섬에서 패러세일링 한 것은 정말 최고였고요. 태풍을 직접 겪은 것도 재미있었어요."

맙소사! 태풍을 겪은 것이 재미있었단다.

"태풍이? 그때 안 힘들었어?"

"당연히 힘들었지요. 물이랑 전기 때문에 엄청 고생했잖아요. 그래서 제가 한국에 와서도 물과 전기를 절약하려고 얼마나 노력하는데요. 그리고 저처럼 태풍을 제대로 겪은 친구들은 주변에 한 명도 없어요. 아마 대한민국 통틀어서도 일곱 살 때 그런 태풍을 겪은 아이들은 거의 없을 걸요? 사이판에 있었으니까 겪게 된 특별한 경험이잖아요."

그렇지. 당연하다. 그런 태풍을 누가 겪어봤겠는가. 마흔 넘은 나도 태어나서 처음 겪어본 것을. 돌이켜 생각해보니 여행 후의 아이는 물을 함부로 쓰지 않으려 했고 쓸데없이 전깃불을 켜놓고 다니지 않았다.

사이판에서 된통 고생한 것이 기억에 남긴 남는가 보다.

그러면서도 아이는 여행이 참 좋다고 했다. 새로운 곳에 가서 새로운 사람들을 만나고 전혀 다른 생활을 하는 것이 재미있다고. 그러면서 다음 여행 계획을 잡아보자고 나름 진지하게 의견을 제시하기도 했다. 삼국지와 수호지의 나라인 중국에 가보고 싶다거나, 해리포터의 나라 영국을 가도 좋을 것 같다고 하며 예비 여행가로서의 모습을 보여주었다. 아이에게 여행이 무엇인지 제대로 전해준 것 같았다.

여전히 어린 둘째에게는 사이판에서 찍은 사진을 보여줬더니 질문을 하기도 전에 눈빛을 반짝이며 대답했다.

"Wow, beautiful! I want to go there. How about you? I like to play sand."

아이가 내뱉는 간단한 문장에 모든 내용이 담겨있었다. 그곳의 바다를 유난히 좋아하던 아이는 사진을 보자마자 그녀의 몸에 각인된 바다를 곧바로 기억해냈다. 그리고 어떻게 놀았는지를 말했다.

여행을 다녀왔다고 뭔가 확 변화하고 발전하는 것은 전혀 아니다. 게다가 우리의 여행은 명소를 찾아다니며 하루하루를 알차게 보낸 것도 아니었고, 오지를 찾아 떠난 것도 아니었으며, 매번 무언가 교훈을 남기는 여행도 아니었다. 그렇다고 가난하거나 혹은 부족한 이들에게 내가 가진 것을 베푸는 그런 봉사의 여행도 아니었다.

아이들과 엄마가 서로에게 마음을 써주고 조금 더 집중하면서 서로의 눈을 맞춰갔던 여행. 지극히 개인적인 여행이었을 뿐이다. 하지만 그런 대단하지 않은 여행의 잔상들이 나를 자주 미소 짓게 했다.

소소하고 사사로운 것들로도 충분히 좋은 것이 여행이고, 우리는 그런 것들의 중요함을 느끼기 위해 또 다른 여행을 기약한다. 아이들과의 여행이 비록 고단하더라도, 아이들이 자기들만의 세상으로 날아가기 전까지 나는 기꺼이 그들의 여행 파트너가 되어줄 것이다.

얼마나 서로를 아끼고 있는지 마음에 더 진하게 남겨줄 것이다.

'여행은 언제나 돈의 문제가 아니고 용기의 문제이다.'

파울로 코엘료의 말이다. 나는 이 '용기'라는 것을 이번에 비로소 제대로 만날 수 있었다. 때로는 거북이처럼 느릿하게, 때로는 현지인처럼 소박하게, 여행지에서의 하루하루를 살아가며 '여행'의 참모습도 다시 만났다. 그것은 크고 거창하고 화려한 여행으로는 느낄 수 없는 것이다.

이제 우리는 다음 여행지를 찾고 있고, 앞으로도 계속해서 짐을 꾸릴 것이다. 《80일간의 세계 일주》를 읽으며 새로운 여행을 꿈꾸고 있는 우성이와, 오빠가 가는 곳은 어디든지 따라가고 싶어 하는 승희와 함께 말이다.

여행이라는 타이틀이 아직도 뭔가 거창하게, 내 것이 아니라고 느껴지는가? 그렇다면 아이 손을 잡고 동네를 한 바퀴 돌아보라. 주변의 길을, 거리에 피어있는 나무와 꽃들을, 오늘의 하늘색이 어떤지를, 바람이 얼굴에 어떻게 와 닿는지를 제대로 느끼는 것만으로도 수줍고 겁 많은 당신의 눈동자에 생기가 넘치게 될 것이다. 그런 지극히 평범한 외출에서부터 여행은 시작된다.

떠날 수 있는 용기 하나면 충분하다. 아주 충분하다.

매일이 같은 것 같지만,

오늘은 어제와 다르고 내일은 오늘과 다르다.

그 시간 속을 살아가는 우리는

주변의 모든 것들이 주는

소박한 즐거움을 즐길 권리가 있고

나를 행복하게 토닥거려줄 힘이 있다.

그렇게 나를 토닥거려줄 이유는 단 한 가지이다.

존중받을 수 있는 존재이기 때문이다.

세상에 존재하는 모든 것은

사랑받을 가치가 있다고 생각하는

이성원으로부터

Special Thanks to.

이 모든 것을 행하신 하나님께 감사드립니다.

엄마의 여행

ⓒ이성원 2017

초판1쇄 인쇄 2017년 3월 8일
초판1쇄 발행 2017년 3월 24일

지은이 이성원

펴낸이 김재룡
펴낸곳 도서출판 슬로래빗

출판등록 2014년 7월 15일 제25100-2014-000043호
주소 (139-806) 서울시 노원구 동일로183길 34, 1504호
전화 02-6224-6779
팩스 02-6442-0859
e-mail slowrabbitco@naver.com
블로그 slowrabbitco.blog.me
포스트 post.naver.com/slowrabbitco
인스타그램 instagram.com/slowrabbitco

기획 강보경 **편집** 김가인 **디자인** 변영은 miyo_b@naver.com

값 12,800원
ISBN 979-11-86494-25-7 03910